USA
SANFORD
PRISMACOLOR WATERCOLOR
WC2916
Canary Yellow

MARTHA STEWART

Das Super-Bastelbuch

Dieses Super-Bastelbuch gehört

MARTHA STEWART

Das Super-Bastelbuch

175 geniale Kreativideen für neugierige Kinder

Fotos von Annie Schlechter und anderen

von den Redakteuren von Martha Stewart Living

1. Auflage 2014

ISBN: 978-3-7724-5999-3
Best.-Nr. 5999

www.topp-kreativ.de

Die amerikanische Originalausgabe erschien 2013 in den Vereinigten Staaten von Amerika unter dem Titel „Martha Stewart's Favorite Crafts for Kids" bei Potter Craft, einem Imprint der Crown Publishing Group, Teil von Random House LLC, New York.

Produktmanagement und Lektorat:
Angela Vornefeld

Übersetzung: Dr. Christine Schlitt
Umschlagfotos: lichtpunkt,
Michael Ruder, Stuttgart
Coveridee und Layout: Gillian MacLeod
Covergestaltung: Sophia Höpfner
Satz: two-up, Elke Günzel, Düsseldorf
Druck: Neografia, Slowakei
Bildnachweis auf Seite 342

Dieses Buch ist den Kindern der
Mitarbeiter von „Martha Stewart Living“
gewidmet. Ich wünsche jedem Kind, dass es
in einem kreativen Umfeld aufwächst und
all seine Ideen verwirklichen kann.

INHALT

EINLEITUNG

Dieses Buch hätte zu keinem besseren Zeitpunkt kommen können. Meine Enkelin, Jude Stewart, die nun zwei Jahre alt ist, setzt sich jeden Tag mehrere Male an ihr kleines Tischchen, um zu basteln. Wie alle Kinder in ihrem Alter ist sie neugierig, aktiv, an vielen Dingen interessiert und will sich selbst auf vielfältige Weise ausdrücken: Sie malt gerne aus, liebt Fingerfarben, klebt überall ihre Aufkleber hin und stanzt Hasen, Blumen und viele andere Motive aus Tonpapier aus. Sie macht ihre ersten Versuche mit dem Pinsel und lernt, nicht über die Linien zu malen. Vieles von dem, was sie in den nächsten Jahren an handwerklichen Fähigkeiten entwickeln wird, findet sich auf den folgenden Seiten. Dutzende bezaubernde und einfache Bastelprojekte mit leicht verständlichen Schritt-für-Schritt-Anleitungen machen das Buch zu einer Fundgrube für Kinder und die Erwachsenen, die sie in ihren kreativen Ideen unterstützen. Die zahlreichen unterschiedlichen Projekte sind alle unkompliziert nachzuarbeiten, benötigen keine ausgefallenen Materialien und garantieren zufriedenstellende und farbenfrohe Ergebnisse. Die Anleitungen sind einfach, sodass die Kinder gern dabeibleiben, und viele der Materialien und Werkzeuge findet man in jedem Haushalt.

Als Kind habe ich sehr gern gebastelt. Ständig habe ich mir ausgefallene Dinge ausgedacht, die ich meiner Mutter schenken, mit in die Schule nehmen oder zu Hause als Dekoration aufstellen konnte. Ich habe gemalt, getöpfert, genäht, gestrickt und gestickt. Zu Weihnachten habe ich mir immer nur Bastelmaterial, Werkzeug, Papier und Klebstoff gewünscht. Auch meine Tochter Alexis liebte es als Kind zu basteln. Besonders gern hat sie gewebt und getöpfert. Viele meiner Nichten und Neffen bastelten ebenfalls. Und ganz gleich, ob die Anregungen durch die Schule kamen oder die Kleinen sich ihre Projekte selbst ausdachten – ich war immer wieder erstaunt, wie kreativ und originell sie das, was sie im Haus, in der Küche oder in der Werkstatt fanden, verarbeiteten.

Ich habe viele Bastelarbeiten, die mir Kinder im Lauf der Zeit geschenkt haben, aufgehoben – bemalte und lackierte Tonschalen, gewebte Tischsets und -läufer, Bilder, Karten, Schals, Topflappen, Stofftiere, Ketten und Armbänder. Ich hoffe auf noch viele solcher Geschenke von Kindern, die nach der Schule, am Wochenende oder in den Ferien mit diesem Buch arbeiten. Ich glaube – wie die meisten handwerklich Begeisterten –, dass Kinder ständig Anregungen und Inspiration brauchen und eine erfahrene Hand, die sie begleitet. Sie brauchen Projekte, die ihre Hände genauso beschäftigen wie ihr Gehirn. Dieses Buch präsentiert 175 Ideen, mit denen sie genau das verwirklichen können.

Martha Stewart

Die Anleitung für dieses Porträt im Kreuzstich findest du auf Seite 268

Vielen Dank!

DANK

Dieses Buch ist das „Baby" von zahlreichen talentierten Menschen, die alle ein Ziel verfolgen: Bastelideen und -anregungen für Kinder aller Altersgruppen und ihre Eltern zu entwickeln. Wir haben dieses Buch zusammengestellt, damit diejenigen, die damit arbeiten, gemeinsam schöne Momente beim Basteln, Lernen und Experimentieren verbringen können. Unsere Bastelredakteure haben mit grenzenlosem Einsatz vorzügliche Ideen beigesteuert, vor allem Silke Stoddard, die uns immer wieder mit ihrer Kreativität überrascht und erfreut. Vielen Dank an die Bastelredakteure von Martha Stewart Living Omnimedia, deren Ideen auf diesen Seiten Eingang gefunden haben, besonders an Marcie McGoldrick, Jodi Levine und Hannah Milman.

Gemeinsam mit unseren Redakteuren hat die von Ellen Morrissey geleitete „Special Projects Group" bei Martha Stewart Living Omnimedia die Projekte in diesem Buch zusammengestellt. Das erstklassige Team um Evelyn Battaglia, Amy Conway und Susanne Ruppert hat dafür gesorgt, dass die Schritt-für-Schritt-Anleitungen korrekt und leicht verständlich sind. Die Artdirektorinnen und Grafikdesignerinnen Jennifer Wagner und Gillian MacLeod haben das ansprechende Layout gestaltet. Und wie immer hat Chefredakteur Eric A. Pike jeden Schritt mit unschätzbarem Rat begleitet. Vielen Dank an Laura Wallis und Amber Mauriello für ihre Mitarbeit beim Schreiben und Redigieren sowie an Jessi Blackham und Alexi Bullock beim Grafikdesign.

Ein besonderer Dank geht an die Fotografin Annie Schlechter, mit der es immer ein Vergnügen ist zu arbeiten, sowie an die anderen Fotografen, deren Werke dieses Buch zieren (die vollständige Liste befindet sich auf Seite 342). Vielen Dank an Anna Ross, Alison Vanek Devine und John Myers für die Bildauswahl sowie an Denise Clappi und ihr Team, insbesondere Kiyomi Marsh, die sich für die Bildqualität verantwortlich zeichnen.

Viele andere Menschen, die ihre Zeit und ihr Talent in dieses Buch eingebracht haben, verdienen Dank, darunter Elizabeth Adler, Stephanie Fletcher, Davida Hogan, Laura Kaesshaefer, Kelsey Mirando, Benjamin Reynaert und Deb Wood.

Ein ganz herzliches Dankeschön geht an all die wunderbaren Kinder, die so eifrig an der Entstehung dieses Buchs mitgewirkt haben, darunter Renz Battaglia, Hugo Kohnhorst, Nora Kohnhorst, Lucy Maguire, Henry Mitchell, Ella Schweizer, Emil Schweizer und Lucas Stettner.

Schließlich gilt unser tiefer Dank unseren langjährigen Partnern bei Crown Publishers und Potter Craft – Victoria Craven, Alyn Evans, Derek Gullino, Pam Krauss, Maya Mavjee, Jess Morphew, Marysarah Quinn, Patricia Shaw, Eric Shorey und Jane Treuhast – für ihre Unterstützung und ihre Begeisterung für dieses und all unsere anderen Buchprojekte.

1

Lustige Gesellen

Deine Fantasie und ein bisschen Material – mehr brauchst du nicht, um die frechen Tiere, Fingerpuppen, Monster und anderen Figuren in diesem Kapitel zu basteln. Leg einfach los!

ORIGAMI-FINGERTIERE

Für diese fröhlichen Fingertiere brauchst du nur ein paar Bögen buntes Origamipapier. Form und Größe der Gesichter und Ohren bestimmst du durch die entsprechende Faltung der Papierquadrate. Male zum Schluss noch ein lustiges Gesicht auf und deine Tiere erwachen zum Leben.

SO GEHT'S

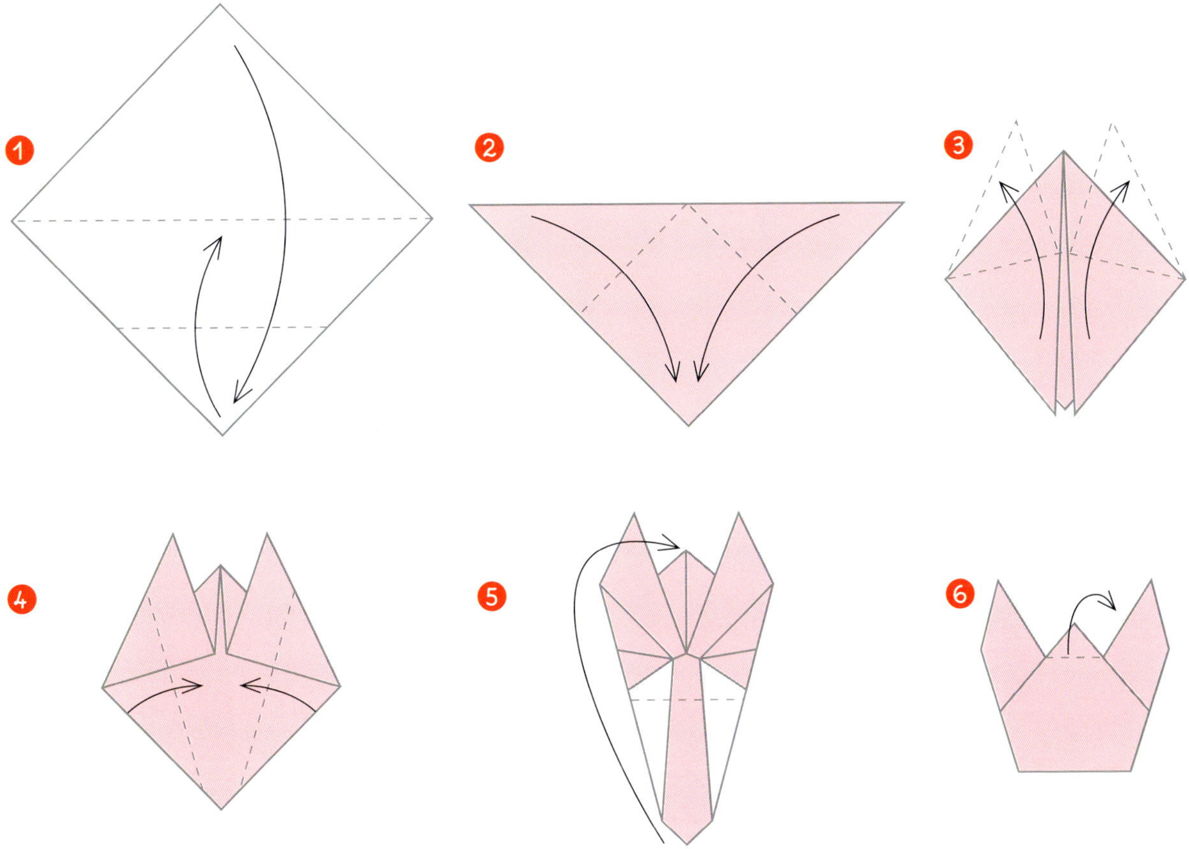

SCHRITT FÜR SCHRITT

1. Falte die obere Spitze eines quadratischen Stück Papiers auf die untere Spitze. Öffne das Papier und falte die untere Spitze auf die Mittelfalte. Öffne die Faltung wieder und klappe die obere wieder auf die untere Spitze.
2. Falte linke und rechte Spitze auf die untere Spitze.
3. Falte für die Ohren die unteren Spitzen schräg nach oben. Je nachdem, wo du faltest, werden die Ohren länger oder kürzer.
4. Falte die linke und rechte Seite nach innen.
5. Falte die untere Spitze auf die obere Mitte. Wende die Figur.
6. Falte die Spitze in der oberen Mitte nach hinten. Jetzt kannst du mit Filzstift ein lustiges Gesicht aufmalen.

PFEIFENPUTZER-BANDE

Ein Äffchen hangelt sich an deinen Zöpfen entlang, ein Chamäleon sitzt im Gummibaum und ein Eichhörnchen klaut Nüsse aus der Speisekammer. Unmöglich, denkst du? Nicht, wenn du diese freche Tierbande aus Pfeifenputzern bastelst. Mit etwas Geschick sind die Plüschfreunde im Nu einsatzbereit.

Eichhörnchen Dieser kleine Kerl besteht wie alle anderen Tiere in diesem Kapitel aus mehreren Teilen. Aus einem Pfeifenputzer formst du Kopf und Hals. Für den Körper wickelst du ein Stück Plüschdraht spiralförmig um einen Filzstift. Ohren, Schwanz und Beine formst du aus kleinen Drahtstückchen und für die Augen klebst du einfach Filzkreise auf.

Chamäleon

Zwischen den grünen Blättern ist die kleine Echse aus grünen Pfeifenputzern perfekt versteckt. Genau wie in der Natur kann sie sich mit ihrer Farbe meisterhaft tarnen. Nur die orangefarbene Zunge und die leuchtend gelben Augen verraten sie.

Tiger

1. Biege Kopf und Körper und schiebe den Körper über den Schwanz. Schiebe die Beine in den Körper und verdrehe sie einmal.
2. Schiebe die Ohren durch eine Windung am Kopf und bring sie in Form. Biege die Schwanzspitze.
3. Schneide das Fell an den Ohren und im Gesicht etwas zurück. Schneide Ohren und Schnauze aus schwarzem Filz aus und klebe sie an. Male mit Filzstift Streifen auf.

Eichhörnchen

1. Forme den Kopf. Biege in das überstehende Ende einen Haken und befestige daran den Schwanz.
2. Forme einen kurzen Körper und streife ihn über den Schwanz. Befestige je ein V für Ohren und Beine an Kopf und Körper. Verdrehe die Beine je einmal. Schneide zwei Augen aus schwarzem Filz aus und klebe sie an.
3. Biege den Schwanz in Form.

Affe

1. Forme einen „hohlen“ Kopf und biege den Schwanz nach oben. Wickle einen kurzen Körper und schiebe ihn über den Schwanz. Befestige die Beine am Körper.
2. Befestige die u-förmigen Ohren am Kopf, indem du die Enden einmal darum biegst. Kringele den Schwanz. Schneide ein gelbes Drahtstück als Banane zu.
3. Gib dem Affen die Banane in die Hand.

TÜTENTIER-THEATER

Hättest du gedacht, dass du aus einfachen Papiertüten so süße Tiere basteln kannst? Am besten funktioniert es mit Bodenbeuteln. Der Tütenboden wird zum Gesicht und in die Seitenfalten klebst du die Arme ein. Hund und Löwe sind aus braunen Papiertüten gemacht, das Schwein aus einer rosafarbenen Geschenktüte. Mit einem Vorhang aus rotem Karton und einem schönen Hintergrund werden die Tütentiere im Handumdrehen Hauptdarsteller in deinem Tütentheater.

SO GEHT'S

MATERIAL

- Tonpapier in verschiedenen Farben
- Papiertüten mit Boden in Braun und Rosa, ca. 7 cm breit
- Schere
- Zickzackschere
- Klebstoff

Vorlagen Seite 328

Tipp

Klebe kleine Teile wie Krallen auf die größeren Teile, bevor du alles zusammensetzt.

Löwe

1. Schneide der Vorlage nach einen Kreis aus gelbem Tonpapier für die Mähne aus. Benutze für die Außenkante die Zickzackschere. Schneide das innere Rechteck heraus, schiebe den Tütenboden als Gesicht in die Mähne und klebe ihn fest.
2. Schneide aus einer anderen Tüte Ohren und Arme aus. Schneide innere Ohren aus rosafarbenem, Zähne aus weißem und Augen, Nase und Krallen aus schwarzem Tonpapier aus. Klebe alle Körperteile an.

Schwein

1. Klebe ein passendes Stück rosa Tonpapier auf den Tütenboden, um die Falten zu verdecken.
2. Schneide der Vorlage nach Ohren und Schnauze aus gemustertem Tonpapier aus. Schneide kleine Augen und Nasenlöcher aus schwarzem Tonpapier zurecht und klebe alle Teile an.
3. Schneide Arme aus rosafarbenem Tonpapier aus und klebe sie von hinten auf die vorderen Seitenfalten.

Hund

1. Falte die unteren Ecken des Tütenbodens nach hinten und klebe sie fest.
2. Schneide mithilfe der Vorlagen Schnauze und Bauch aus weißem, Ohren und Schwanz aus dunkelbraunem, Augen und Nase aus schwarzem und die Zunge aus rosafarbenem Tonpapier aus.
3. Klebe alle Teile an. Die Zunge klebst du auf der Rückseite des Gesichts, den Schwanz auf der Rückseite der Tüte fest.

LUFTBALLON-TIERE

Lass diese drei Freunde einfach fliegen – es ist kinderleicht! Schneide Augen, Schnauzen und Schnabel aus Seidenpapier aus. Für Ohren und Beine verwendest du farbiges Kopierpapier. Knicke die untere Kante der Ohren als Klebelasche nach hinten. Befestige alle Teile mit doppelseitigem Klebeband an heliumgefüllten Ballons.

WATTEWEICHE SCHÄFCHEN

Aus weißen Wattebällchen und schwarzem Fotokarton zauberst du knuddelige kleine Schafe, die ihren echten Verwandten zum Verwechseln ähnlich sehen!

MATERIAL

- Fotokartonreste in Schwarz
- heller Buntstift
- Schere
- Locher
- bunte Kordel
- Klebstoff
- Wattebällchen

Vorlagen Seite 328

SCHRITT FÜR SCHRITT

1. Zeichne ein Schaf auf schwarzen Fotokarton auf und schneide es aus.
2. Mit dem Locher machst du an der oberen Kante ein Loch. Zieh die Kordel als Aufhänger durch und verknote die Enden.
3. Klebe Wattebällchen auf beide Seiten des Schafs. Lass nur die Beine und das Gesicht frei. Hänge deine kleine Schafherde ans Fenster oder in einen Türrahmen.

STEIN AUF STEIN

Sammelst du bei Spaziergängen in der Natur oder am Strand gern Steine? Nimm etwas Farbe und Zementkleber und zaubere aus deinen Fundstücken kesse Krokodile, lustige Marienkäfer oder freche Frösche. Auch der Fischschwarm am Anfang des Buchs ist aus Steinen in unterschiedlichen Farben und Formen gemacht.

Krokodil Achtung, spitze Beißerchen! Das grüne Rückenmuster und die scharfen Zähne in seinem Maul lassen diesen Alligator richtig echt aussehen. Das Krokodil besteht aus vielen Einzelteilen. Kopf, Beine und Schwanz sind mithilfe von Rührstäbchen am Körper befestigt.

MATERIAL

- Steine in unterschiedlichen Formen und Größen
- Knetmasse
- Zementkleber
- Rührstäbchen aus Holz
- Schere
- Acrylfarbe und dünner Pinsel
- Papier und Bleistift

GRUNDANLEITUNG

1. Überlege dir, wie dein Tier aussehen soll, und lege die Steine entsprechend vor dich. Du kannst dein Tier auch erst auf Papier vorzeichnen. Klebe zuerst die großen Steine zusammen. Verwende Knetmasse um die Steine zu unterstützen, während der Kleber trocknet, z.B. für das Krokodilmaul. Steine, die sich kaum überlappen, kannst du mit angeklebten Rührstäbchen verbinden.

2. Klebe kleine Steine als Füße oder Augen auf. Ist der Klebstoff trocken, kannst du die Knetmasse entfernen und die Tiere anmalen. Male auch die Stäbchen in der Farbe der Steine an.

Marienkäfer Mit ein wenig roter und schwarzer Farbe wird aus einer Handvoll ovaler Steine in unterschiedlichen Größen diese Sonnenkäferfamilie. Zeichne die Käfer mit dem Flügelmuster und den Augen zunächst auf Papier auf und übertrage die Skizze dann auf die Steine.

Schildkröte Den Rückenpanzer dieser hübschen Schildkröte bildet ein großer ovaler Stein. Die vier gleich großen kleinen Steine für die Füße, der längliche Stein für den Schwanz und der eckige für den Kopf sind mithilfe von Rührstäbchen am Körper festgeklebt. Für das Muster auf dem Panzer malst du zunächst die äußeren Linien mit dünnem Pinsel in Dunkelgrün auf und füllst sie dann mit hellgrüner Farbe aus. Male zuletzt die Augen und die Zehennägel auf.

Frösche Für die in der Sonne dösenden Frösche brauchst du einen flachen runden Stein als Körper, je zwei flache ovale Steine als Beine und zwei runde Steinchen für die Augen. Punkte in verschiedenen Grüntönen geben den Fröschen ihre perfekte Tarnfarbe.

KLAMMER-KUMPELS

Diese Bauernhoftiere kannst du ganz nach Lust und Laune gestalten. Die Wäscheklammer-Beinchen helfen ihnen beim Stehen.

MATERIAL

- **Papier in Weiß**
- **Bunt- oder Filzstifte**
- **Schere**
- **Wäscheklammern in verschiedenen Größen**

SCHRITT FÜR SCHRITT

1. Falte das Papier in der Mitte. Zeichne dein Tier so auf, dass die Unterseite des Tiers genau an der Falzkante ist.
2. Schneide das Tier aus (nicht den Falz aufschneiden) und male das Tier noch einmal spiegelverkehrt auf die Rückseite des Papiers.
3. Klemme nun die Wäscheklammern als Beine an. Verwende zwei große Klammern für die Kuh, zwei kleine für die Ente.

HUNDE-TRICK

Dieser kleine Hund kennt einen tollen Trick: Er kann auf deiner Fingerspitze balancieren. Für den Hund brauchst du einen dünnen Ast mit zwei Seitentrieben. Schneide den Ast je auf etwa 1,5 cm vor und nach den Seitentrieben zurück. Lass dir dabei von einem Erwachsenen helfen. Dann schneidest du die Seitentriebe auf 5–6 cm zurück. Male den Kopf deines Hundes mit Buntstiften auf weißes Papier, schneide ihn aus und klebe ihn an ein Ende des Stöckchens. Setze den Hund auf deine Fingerspitze und lass ihn balancieren.

EI, EI, EIER-VIEH!

Aus ausgeblasenen Eiern lässt sich nicht nur Osterdekoration basteln. Zu jeder Jahreszeit kannst du daraus knuffige Tiere wie diese Vogelkinder, Schweine, Kühe oder Hühner machen. Weiße Eier werden einfach mit Lebensmittelfarbe gefärbt, braune Eier sind toll für Tiere mit dunklem Fell oder Federn. Ein paar Beine aus Pfeifenputzern formen und Flügel, Schnäbel oder Ohren aus Filz und Krepppapier ausschneiden und fertig ist dein Eier-Vieh.

Vogelkinder
Für diese hungrigen Vogelkinder wurden weiße Eier einfach hellblau eingefärbt. Flügel und Schnäbel sind aus Krepppapier. In dem kuscheligen Nest aus Papierwolle fühlen sie sich richtig wohl.

Schweine Die Schweinemama und ihr Ferkel nehmen ein kühles Bad in einer Schlammpfütze aus braunem Tonpapier. Ihre Beine sind aus Pfeifenputzern gemacht, die Ohren aus Krepppapier. Rosa Knöpfe machen sich gut als Rüssel. Für den Schwanz ziehst du etwas Stickgarn über die geöffnete Klinge einer Schere, damit es sich kringelt, und klebst es an.

Kühe Diese Kuhfamilie sonnt sich auf der Weide. Für die großen Holsteiner Kühe malst du schwarze Flecken auf weiße Eier, das Kalb ist aus einem gesprenkelten Wachtelei gemacht. Alle Kühe haben Ohren, Schnauzen und Hörner aus Krepppapier. Auf die Schwänze aus Stickgarn oder Wolle und die Pfeifenputzerbeine kannst du mit Filzstift schwarze Flecken malen.

Hühner Hahn, Huhn und die frisch geschlüpften Küken posieren fürs Familienfoto. Die Füße schneidest du aus Filz zu, so kann dein Federvieh auch stehen. Für die Schnäbel und den Hahnenkamm verwendest du Krepppapier. Die Küken sind aus kleineren, leuchtend gelb gefärbten Eiern gebastelt.

EI, EI, EIER-VIEH – SO GEHT'S

MATERIAL

- Eier
- kleines Messer
- Büroklammer
- Ohrenspritze
- Stecknadeln
- Schaumbrett
- Papiertücher
- Marmeladenglas
- Essig
- Lebensmittelfarbe
- Pappbecher
- Grillzange
- Schere
- Tonpapier, Pfeifenputzer, Filz, Krepppapier
- Bastelkleber
- Knöpfe in Rosa, ø ca. 1–2 cm
- Klebefilm
- Temperafarbe und Pinsel oder Filzstifte
- Stickgarn oder Wollreste

Eier auspusten

1. Mach mit dem Messer auf der Ober- und Unterseite des Eis je ein Loch. Lass dir von einem Erwachsenen helfen. Eines der beiden Löcher sollte etwas größer sein.
2. Halte das Ei über eine Schüssel und stochere mit einer gerade gebogenen Büroklammer durch das größere Loch ein wenig in dem Ei, damit der Dottersack platzt.
3. Stecke die Ohrenspritze in das kleinere Loch und drücke damit den Inhalt des Eis heraus. Wasche vorher und nachher gut deine Hände.

Tipp

Lege die gefärbten Eier zum Trocknen auf das Schaumbrett, in das du vorher Stecknadeln gesteckt hast.

Eier färben

1. Bedecke deine Arbeitsfläche mit Papiertüchern. Vermische einen Teelöffel Essig, 20 Tropfen Lebensmittelfarbe und eine Tasse warmes Wasser in einem Marmeladenglas.

2. Tauche das Ei in die Flüssigkeit – fünf Minuten für eine helle, zehn Minuten für eine dunklere Färbung. Beschwere das Ei mit einem Pappbecher, der zur Hälfte mit Wasser gefüllt ist.

3. Hole das Ei mit der Grillzange oder mit einem Esslöffel vorsichtig aus dem Glas und lass es auf dem vorbereiteten Schaumbrett trocknen.

Eier verzieren

1. Schneide für die Hühner Füße aus Filz oder Tonpapier aus und klebe sie an. Klebe bei den anderen Tieren v-förmig gebogene Pfeifenputzer als Beine an.

2. Schneide Ohren, Hörner, Flügel und Schnäbel aus Krepppapier aus und klebe sie an. Als Schweinerüssel klebst du rosa Knöpfe an. Fixiere sie mit Klebefilm, solange der Klebstoff trocknet.

3. Male Augen, Nasenlöcher und Kuhflecken mit Farbe und Pinsel oder Filzstift auf. Klebe Stickgarn oder Wollfäden als Schwänzchen an.

FINGER-FILZ-FIGUREN

Mit diesen selbst gefilzten Fingerfiguren wirst du jede Menge Spaß haben! Aus Filzwolle, direkt an deinem Finger gefilzt, sitzen sie wie angegossen. Sie lieben es, lustiges Fingertheater zu spielen und passen in jede Hosentasche – für die kleine Show unterwegs.

Los, auf geht's!

FINGER-FILZ-FIGUREN – SO GEHT'S

MATERIAL

- Filzwolle, Farbe nach Wunsch
- flüssiges Feinwaschmittel
- Schüssel
- Waschbrett
- Sticknadel
- Stickgarn
- Wollfilz
- Schere
- Textilklebstoff

Vorlagen Seite 329

SCHRITT FÜR SCHRITT

1. Vermische vier Teelöffel flüssiges Feinwaschmittel mit sechs Tassen heißem Wasser in einer Schüssel. Wickle so viele Lagen Filzwolle um deinen Zeigefinger, dass du deine Knöchel durch die Lagen nicht mehr fühlen kannst. Die Wolle sollte eng, aber nicht zu fest an deinem Finger anliegen.
2. Tauche den Zeigefinger mit der Wolle in das Seifenwasser, nimm ihn wieder heraus und drücke die Wolle mit deiner anderen Hand am Zeigefinger fest. Wiederhole den Vorgang, bis die Fasern sich verbinden. Jetzt kannst du andere Farben einarbeiten, wie etwa die schwarzen Streifen bei der Biene.
3. Reibe nun deinen Finger leicht in alle Richtungen über das Waschbrett, damit die Wolle noch mehr verfilzt. Anschließend wäschst du alles unter fließendem Wasser aus, ziehst den Filz vom Finger und lässt ihn gut trocknen.
4. Schneide der Vorlage nach Ohren, Flügel und andere Körperteile aus Wollfilz aus und klebe sie auf. Die Größe der Teile musst du eventuell ein wenig an die Größe deiner Figur anpassen.
5. Jetzt klebst du Augen, Gesichter oder Fühler auf die Figuren auf.

SELBST ENTWORFENE STOFFTIERE

Stell dir vor, deine selbst gezeichneten Tiere, Monster oder Märchengestalten könnten auf einmal lebendig werden und aus deinem Zeichenblock springen. Genau das wird auf diesen Seiten wahr! Von der Skizze bis zum fertigen Stofftier machst du alles selbst (natürlich kannst du auch einen Erwachsenen um Hilfe bitten). Du entwirfst deine Figuren auf Papier, schneidest den Stoff zu, nähst ihn zusammen und stopfst ihn anschließend aus. So werden deine Stofffreunde einzigartig und unverwechselbar.

Sind wir nicht cool?

STOFFTIERE – SO GEHT'S

MATERIAL

- Filz- oder Stoffreste, Farben und Muster nach Wunsch
- Knöpfe
- Füllwatte
- Pfeifenputzer, Wollreste, Stoffbänder
- Schneiderkreide oder Trickmarker
- Stoffschere
- Nähnadel und Nähgarn
- Buntstifte und Papier
- Schere
- Stecknadeln

SCHRITT FÜR SCHRITT

1. Zeichne deine Figur auf Papier auf. Mach eine Fotokopie, wenn du das Original behalten oder deine Figur vergrößern oder verkleinern möchtest. Schneide die Teile der Figur aus, die später mit Watte gefüllt werden.

2. Lege zwei Stofflagen mit den schönen Seiten nach außen aufeinander und stecke das Schnittmuster darauf fest. Umfahre das Muster mit etwa 1 cm Abstand (Nahtzugabe) mit Schneiderkreide oder Trickmarker. Schneide die Teile mit der Stoffschere aus und entferne die Nadeln.

3. Nähe Knöpfe als Augen, einen Mund aus Filz und die Innenohren auf eine schöne Seite auf.

4. Stecke die beiden Stoffteile mit den schönen Seiten aufeinander. Nähe die beiden Teile von Hand oder mit der Nähmaschine zusammen. Lass die Naht zum Wenden und Ausstopfen an einer Stelle mehrere Zentimeter offen.

5. Wende die Figur, fülle sie mit Watte und nähe die Öffnung von Hand zu.

6. Jetzt kannst du noch Arme, Ohren oder einen Schwanz anbringen. Verwende dafür Filz, Pfeifenputzer, Wollfäden o. Ä.

1
2
3
4
5
6
Ohren
Arme
Beine

POMPON-TIERE

Aus ein paar Wollresten kannst du diese superflauschigen Freunde basteln. Die Pompons, die du für Eule, Hase & Co. brauchst, sind mit einem Pompon-Maker ganz leicht herzustellen. Und natürlich lassen sich die Bommeln auch zu Fröschen, Hunden, Igeln und vielen anderen Tieren verarbeiten.

Eulen Wachsam sitzt Mama Eule mit ihrem puscheligen Küken auf einem Ast. Für die große Eule brauchst je einen Pompon für Kopf und Körper, das Küken ist aus nur einer Wollkugel gemacht.

Hasen Neugierig lugen die Häschen zwischen den Grashalmen hervor. Ob sie in der Papierwolle Karotten für ihr Picknick finden? Wenn du keinen ganz kleinen Pompon-Maker für das Hasenkind hast, kannst du auch einen fertigen größeren Pompon mit einer Schere rundherum vorsichtig beschneiden, um ihn zu verkleinern.

POMPON-TIERE – SO GEHT'S

MATERIAL

- Wollreste in verschiedenen Farben und Stärken
- Filz in verschiedenen Farben
- Pompon-Maker in verschiedenen Größen
- kleine Schere
- Stickgarn
- Nähnadel
- Bleistift
- gewachstes Garn in Weiß und Braun
- Klebstoff

Vorlagen Seite 329

GRUNDANLEITUNG

1. Öffne den Pompon-Maker und wickle die Wolle zunächst um einen Bogen. Umwickle den Bogen immer wieder vor und zurück, bis er mit mehreren Lagen Wolle vollständig bedeckt ist. Je mehr du wickelst, desto fester wird der Pompon. Wiederhole den Schritt bei dem zweiten Bogen.
2. Schließe die Bögen des Pompon-Makers. Schneide die gewickelte Wolle in der Mitte der Außenseite der Bögen auf. Ziehe einen etwas längeren Wollfaden in die Mitte des Pompon-Makers und verknote ihn mehrmals fest.
3. Öffne die Bögen, ziehe die beiden Seiten des Pompon-Makers vorsichtig auseinander und hole den Pompon heraus.
4. Schneide überstehende Enden der Wollfäden ab. Du kannst den Pompon auf diese Weise auch etwas kleiner machen.
5. Lass den Faden, den du in der Mitte verknotet hast, lang, damit du den Pompon befestigen kannst.

Tipps

Beachte immer die Herstelleranleitung, wenn du Pompon-Maker benutzt. Hier sind außerdem weitere nützliche Hinweise:

- Je öfter du die Bögen umwickelst, desto dichter und fester wird der Pompon. Wickle dicke Wolle in vier oder fünf Lagen, dünne Wolle in sechs bis acht Lagen um die Bögen.
- Mit einer kleinen Schere kannst du den Pompon bearbeiten. Schneide überstehende Fäden ab und gib ihm die Form und Größe, die du möchtest.
- Wenn die Wolle, die du wickelst, nicht reißfest ist, verwende ein Stück Stickgarn in einer ähnlichen Farbe, um die gewickelten Wollfäden in der Mitte zusammenzuknoten.
- Wenn du den Pompon an einen anderen Pompon oder an ein Stück Stoff annähen möchtest, lass den Faden, mit dem du die Fäden in der Mitte verknotet hast, lang.

Wusstest du schon?

Für Pompons kannst du alle möglichen Wollsorten verwenden: Seide, Mohair, Schurwolle, Kunstfasern oder Mischgarn. Mit weicher und flauschiger Wolle klappt es am besten. Je kleiner dein Pompon werden soll, desto dünner sollte die Wolle sein.

Hase

1. Wickle zwei hellbraune Pompons: einen für den Körper (siehe Tipp Seite 49) und einen kleineren für den Kopf.
2. Fädle den langen Faden auf eine Nadel. Stich durch den anderen Pompon, um die beiden zu verbinden. Du kannst sie auch zusammenkleben.
3. Schneide der Vorlage nach Ohren aus hellbraunem Filz, Augen und Nase aus schwarzem Filz und Barthaare aus gewachstem weißem Garn zurecht. Klebe alle Teile auf.

POMPON-TIERE – SO GEHT'S

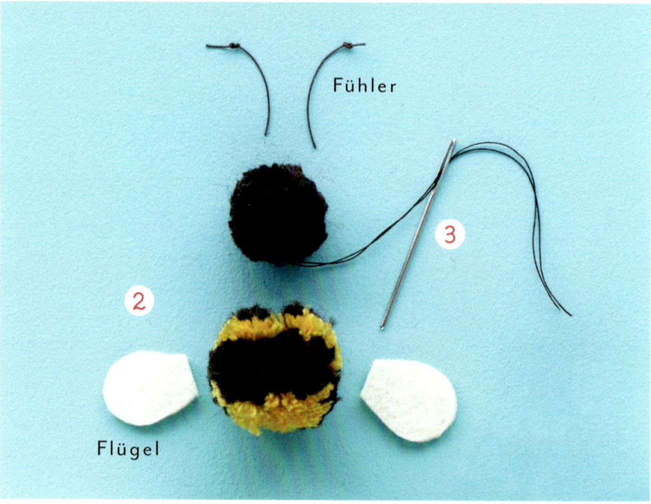

Eule

1. Wickle einen dunkelbraunen Pompon für den Körper und einen etwas kleineren, grau-braun gestreiften für den Kopf (siehe Tipp Seite 49).
2. Nähe die beiden Pompons mit einer Nadel und dem langen Faden zusammen. Du kannst sie auch verkleben.
3. Schneide mithilfe der Vorlagen Flügel und Gesicht aus Filz aus. Klebe alle Teile auf.

Hummel

1. Wickle einen schwarz-gelb gestreiften Pompon für den Körper (siehe Tipp Seite 49) und einen etwas kleineren schwarzen für den Kopf.
2. Nähe die beiden Pompons mit einer Nadel und dem langen Faden zusammen. Du kannst sie auch verkleben.
3. Schneide mithilfe der Vorlagen die Flügel aus weißem Filz aus. Für die Fühler schneidest du zwei Stücke schwarzes, gewachstes Garn zurecht, machst an einem Ende einen Knoten und klebst sie an den Kopf.

Tipp

Für Streifen umwickelst du einen Teil des Pompon-Makers mit einer Farbe. Schneide den Faden ab und wickle mit der nächsten Farbe weiter. Wechsle die Farben nach Anzahl der Streifen. Wickle die Farben auf dem anderen Bogen spiegelverkehrt.

Hummel Der schwarz-gelbe Körper der Hummel ist ein einziger Pompon. Hier wickelst du ganz einfach zwei Farben abwechselnd auf den Bogen des Pompon-Makers. Jetzt noch Flügel und Fühler aufgeklebt und schon brummt die Hummel durch die Luft.

MUSCHEL-MENAGERIE

Wer sagt, dass aus dem Meer nur Tiere mit Flossen, Schuppen oder Tentakeln kommen können? Aus ein paar Muschelschalen oder Schneckengehäusen, die du am Strand gesammelt hast, kannst du einzigartige Landtiere kreieren. Die Muschelschalen machen sich gut als Kopf und Körper, während längliche Schnecken perfekte Hunde- oder Giraffenbeine abgeben. Oder du klebst aus den Perlmuttschönheiten schräge Gesichter. Deiner Fantasie sind keine Grenzen gesetzt.

Schräge Köpfe Klebe Mini-Schneckengehäuse oder Perlen als Augen, Nasen, Münder oder Haare auf Muschelschalen oder Seeigel auf und deine Muschelköpfe werden zu eigenwilligen Charakteren.

Truthähne Die aufgeplusterten Truthähne spreizen ihre Schwanzfedern aus Jakobsmuschelschalen. Die Füße sind aus Olivenschnecken gemacht. Für ihre Körper brauchst du Miesmuschelschalen, die noch verbunden sind.

Giraffe Ganz aus Schneckengehäusen ist diese Giraffe gemacht: lange, spitz zulaufende Turmschnecken-Gehäuse für Beine und Hals sowie das Haus einer Babylonischen Turmschnecke als Körper.

Pudel In Schale geworfen hat sich diese Pudeldame! Sie besteht aus weißen Archenmuscheln und Nadelschnecken. Nur die Ohren schmücken winzige rosa Schneckengehäuse.

Koala Für die rundlichen Formen von Koala-Papa und Koala-Kind sind die Schalen von Venus- und Herzmuscheln prima geeignet. Aus ein paar länglichen Scheidenmuscheln und Schneckenhäusern wird der Eukalyptusbaum im Hintergrund geklebt.

MUSCHEL-MENAGERIE – SO GEHT'S

MATERIAL

- **Muschelschalen und Schneckengehäuse in verschiedenen Größen und Formen**
- **UHU Epoxidharzkleber oder UHU Kraftkleber**
- **Knetmasse**
- **Perlen, ø ca. 2 mm**
- **dünner Pinsel**

GRUNDANLEITUNG

1. Für den Körper klebst du zwei kleine Muschelschalen an die schmale Seite einer größeren Muschelschale. Mit Knetmasse kannst du die Schalen fixieren, während der Klebstoff trocknet.
2. Für das Gesicht klebst du kleinere Schalen als Ohren und Nase auf eine mittelgroße Muschelschale. Klebe kleine Perlen als Augen auf. Trage den Klebstoff mit einem kleinen Pinsel auf. Knetmasse fixiert die Muscheln, während der Klebstoff trocknet.
3. Ist alles gut getrocknet, klebst du Kopf und Körper zusammen. Auf diese Weise kannst du auch die anderen Tiere basteln.

GRUSELIGE LOLLI-MONSTER

Der Renner für deine nächste Gruselparty: schaurige Wesen aus Marshmallows, Lakritzstangen, Fruchtgummis und sauren Drops. Mit diesen klapprigen Totenköpfen, schwarzen Monsterspinnen und buckeligen Kobolden kann das nächste Halloween kommen!

Schaurige Typen

Die Lolli-Monster sehen aus, als wären sie aus dem Labor eines irren Wissenschaftlers geflohen. Verpacke die fertigen Lollis in Zellophan-Tütchen. So hast du ein tolles Mitbringsel für die nächste Gruselparty.

SO GEHT'S

MATERIAL

- Marshmallows
- Lakritzdragees in Weiß
- Lakritze (Schnecken, Schnüre, Stangen usw.)
- runde und ovale Gummibonbons
- zylindrische Lollis
- kleine Lutschdragees
- Zuckerstreusel
- Lollistiele
- Zahnstocher
- Schere
- Küchenmesser

Totenkopf am Stiel

1. Für Kopf und Kiefer schneidest du das untere Drittel eines weißen Marshmallows ab. Lass dir von einem Erwachsenen helfen.
2. Stich mit einem Zahnstocher kleine Löcher in den Marshmallow, wo später Augen, Nase und Zähne sitzen sollen. Stecke weiße Lakritzdragees als Zähne in den Unterkiefer und schwarze Lakritzdrops als Augen in den Kopf. Ein kleines Dreieck aus Lakritze wird zur Nase.
3. Stich auf der Unterseite des Marshmallows einige Male ein, um ein Loch für die Zuckerstange zu höhlen. Schiebe die Zuckerstange durch den Kiefer in den Kopf.

Monster-Lolli

1. Schneide von einem weißen bezuckerten Gummibonbon Ober- und Unterteil ab. Von einem schwarzen Gummibonbon schneidest du das Oberteil ab. Lass dir von einem Erwachsenen helfen. Drücke das schwarze Oberteil auf das weiße Gummibonbon. Das wird der Kopf. Stecke den Kopf auf den Lollistiel. Für Arme und Beine halbierst du jeweils längs zwei weitere Gummibonbons. Drücke sie mit der klebrigen Seite an den Stiel.
2. Mit dem Zahnstocher ritzt du im Gesicht die Stellen ein, an denen Nase, Augen und Mund sitzen sollen. Drücke ein Lutschdragee als Nase und Zuckerstreusel als Augen und Mund auf das Gesicht.

KÜRBIS-KÄTZCHEN

Brauchst du noch ein ausgefallenes Accessoire für die nächste Halloween-Party? Dann ist dieses kleine Kürbis-Kätzchen genau das Richtige. Und es ist dazu noch schnell gemacht! Die beiden kleinen Kürbisse steckst du einfach mit Holzspießen zusammen, Papierohren und Barthaare dran – fertig!

Verspielter Freund In den warmen Händen der Katzenmama fühlt sich der kleine Kürbis-Freund wohl! Das Kätzchen ist für Kinder leicht nachzumachen. Die Schneidearbeiten (Augen und Kürbisdeckel) sollte jedoch ein Erwachsener übernehmen.

SO GEHT'S

MATERIAL

- mittlerer und kleiner Kürbis
- Fotokartonrest in Schwarz
- gewachstes Garn in Schwarz
- Besenborsten
- Kürbissäge oder Küchenmesser
- Kugelausstecher
- Wachsmalstift in Schwarz
- 2 Schaschlikspieße
- Schere
- Klebefilm
- 2 Zahnstocher

Vorlagen Seite 339

SCHRITT FÜR SCHRITT

1. Schneide das Oberteil des kleinen Kürbisses ab. Höhle den Kürbis mit einem Kugelausstecher aus.
2. Zeichne auf die Unterseite des kleinen Kürbisses Augen und Mund auf. Die Vertiefung in der Mitte wird die Nase. Schneide die Augen aus und ritze den Mund in die Kürbisschale. Lass dir dabei von einem Erwachsenen helfen.
3. Verbinde Kopf und Körper mit zwei Schaschlikspießen.
4. Schneide aus schwarzem Fotokarton zwei Ohren aus. Klebe sie mit Klebefilm auf je einen Zahnstocher und stecke sie in den Kopf. Drücke zwei Stücke gewachstes Garn in die Ritzen am Mund. Stich mit einem Schaschlikspieß links und rechts des Munds je drei Löcher in den Kopf und stecke je eine Besenborste hinein.

FRECHE BAISER-MÄUSE

Piep! War das eine Maus? Keine Angst! Diese kleinen Mäuschen aus Baisermasse mit Lakritzschwänzchen und Öhrchen aus Mandelscheiben sind zum Anbeißen süß!

Süße Leckerei Diese süßen Mäuse schmecken nicht nur köstlich, sondern sind auch noch schnell gemacht. Ideal ist es, wenn mehrere Kinder mithelfen: So kann jeder einen Arbeitsschritt übernehmen und die Mäuseproduktion geht wie am Schnürchen.

FRECHE BAISER-MÄUSE – SO GEHT'S

MATERIAL

- **Baisermasse nach Rezept (siehe unten)**
- **50 schwarze Lakritzschnüre, je ca. 7,5 cm lang**
- **Liebesperlen in Schwarz**
- **100 Mandelscheiben**
- **Spritzbeutel mit großer, runder Tülle**
- **Backblech und Backpapier**
- **Pinzette**
- **Kuchenrost**

Für die Baisermasse

ZUTATEN

ERGIBT ETWA 50 MÄUSE

- **2 Eiweiß**
- **½ Tasse Zucker**
- **1 Messerspitze Backpulver**
- **¼ TL Vanilleextrakt**

ZUBEREITUNG

1. *Verrühre die Eiweiße, den Zucker und das Backpulver und wärme die Mischung etwa zwei Minuten im warmen Wasserbad auf, bis sie warm ist und der Zucker sich aufgelöst hat. Die Masse sollte nicht mehr körnig sein, wenn du sie zwischen zwei Fingern zerreibst. Lass dir von einem Erwachsenen helfen.*
2. *Nimm die Schüssel aus dem Wasserbad und rühre die Masse mit dem Rührhaken des elektrischen Rührgeräts zunächst auf der untersten Stufe, dann auf höchster Stufe etwa zehn Minuten lang, bis die Masse steif ist. Rühre zum Schluss den Vanilleextrakt unter.*

SCHRITT FÜR SCHRITT

1. Fülle Baisermasse in den Spritzbeutel mit der runden Tülle. Halte die Tülle über das Backblech mit dem Backpapier und spritze ein etwa 2,5 cm breites ovales Häufchen auf. Verringere den Druck und ziehe die Tülle etwas nach oben, damit das Baiser in einer Spitze für die Nase ausläuft. Spritze so alle Mäusekörper auf. Halte zwischen jedem etwa 5 cm Abstand.
2. Mach jeder Maus einen Schwanz aus Lakritzschnüren und bringe Liebesperlen als Augen und Nasenspitze an. Stecke zum Schluss je zwei Mandelscheiben als Ohren in den Kopf.
3. Heize den Ofen auf 80 °C vor. Schiebe die Backbleche auf die beiden unteren Leisten und lass die Baiser-Mäuse etwa eineinhalb Stunden trocknen. Die Mäuse sollten außen trocken, aber noch weiß sein. Lass sie auf einem Kuchenrost auskühlen. In einer luftdichten Dose halten sie etwa eine Woche.

FILZ-MÄUSE FÜR NASCHKATZEN

Nicht nur in der Weihnachtszeit kommen diese Filz-Mäuse bei Naschkatzen gut an. Mit ihren Zuckerstangen-Schwänzchen sind sie ein origineller Weihnachtsbaumschmuck. Sie eignen sich aber auch das ganze Jahr über als witziges Mitbringsel.

MATERIAL

- Filzreste in verschiedenen Farben
- Zuckerstangen
- Schere
- Bastelkleber

Vorlagen Seite 329

SCHRITT FÜR SCHRITT

1. Schneide der Vorlage nach Körper und Ohren aus Filz in derselben Farbe aus. Die Innenohren und die Nase schneidest du aus andersfarbigem Filz aus, die Augen aus schwarzem Filz.
2. Klebe Augen und Nase auf und die Innenohren auf die äußeren. Schneide gemäß der Markierungen auf der Vorlage Schlitze in den Körper.
3. Schiebe die Ohren durch die vorderen Schlitze und die Zuckerstange wie auf dem Foto gezeigt durch die hinteren.

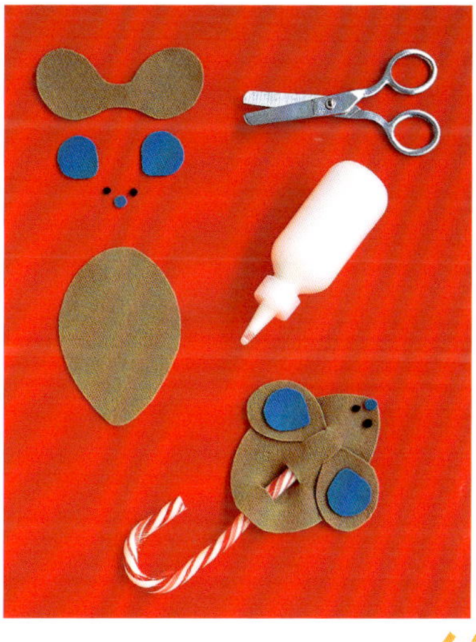

ZAPFEN-PINGUINE

Bei einem Spaziergang im Wald oder im Park findest du im Herbst und im Winter Kiefernzapfen in Hülle und Fülle. Sie sind wie geschaffen für das Basteln von aufgeplusterten Pinguinen. Ohren und Flügel sind aus einzelnen Schuppen größerer Zapfen gemacht.

Eisige Heimat Ein Spiegel als zugefrorener Teich, ein paar verschneite Bäume aus großen Kiefernzapfen und Dekoschnee – mehr brauchst du nicht, um eine echte winterliche Umgebung für deine Pinguin-Familie zu zaubern. Für den schneebedeckten Berg schneidest du ein Eiszapfenmuster in weißes Tonpapier, beklebst es mit Dekoschnee, wickelst es um ein Stück Birkenast und klebst etwas weiße Watte als Schnee auf die Bergspitze.

SO GEHT'S

MATERIAL

- länglicher Kiefernzapfen für den Körper
- 2 große Kiefernzapfen-schuppen für die Flügel
- kleines Stück Kiefernzapfen für den Hals
- Eichelkappe für das Gesicht
- Sandpapier
- Bastelkleber
- dünner Pinsel
- Acrylfarbe in Weiß und Braun
- grobkörniger Glitter in Weiß
- Schere

SCHRITT FÜR SCHRITT

1. Schneide die beiden Schuppen der großen Zapfen an einer Seite spitz zu.
2. Schmirgle das kleine Halsstück unten etwas mit Sandpapier ab, sodass es auf den Körper passt. Klebe den Hals auf.
3. Bemale die Vorderseite des Zapfens und eine Hälfte der Eichelkappe (nicht die Spitze) mit weißer Acrylfarbe. Trocknen lassen.
4. Bestreiche den Pinguin-Bauch mit Klebstoff und bestreue ihn mit Glitter. Trocknen lassen.
5. Gib Klebstoff auf den Pinguin-Hals und klebe die Eichelkappe mit der bemalten Seite nach unten darauf. Trocknen lassen.
6. Male mit brauner Acrylfarbe zwei Augenpunkte ins Gesicht.
7. Klebe die Flügel mit dem spitzen Ende nach unten an den Körper an. Trocknen lassen.

ELFEN-FAMILIE

Diese putzige Elfenfamilie aus Kiefernzapfen und Pfeifenputzern legt auf ihrer Wanderung durch das verschneite Winterwunderland eine kleine Rast ein. Das neugierige Rentier nähert sich schüchtern, um die Fabelwesen zu beobachten. Dekoschnee und „verschneite" Kiefernzapfen als Bäume machen die Szene perfekt.

SO GEHT'S

MATERIAL

- dünne Pfeifenputzer in Grün, Braun und Weiß
- dünne Pfeifenputzer in Rot-Metallic und Grün-Metallic
- gewellte Pfeifenputzer in Weiß und Grün
- Schere
- Pinzette
- dünner Pinsel
- Bastelkleber
- Perlen in Schwarz, ø ca. 1 mm und 2 mm
- Holzkugeln für die Köpfe, ø ca. 1,5–2 cm
- 2 kleine Kiefernzapfenenden für die Köpfe von Mädchen und Rentier
- Eichenkappe
- 4 große Kiefernzapfen-schuppen
- 4 kleine Kiefernzapfen für die Körper
- feiner Glitter in Rot

SCHRITT FÜR SCHRITT

1. Schneide die Pfeifenputzer zu Stücken in passender Länge (siehe Foto) und biege daraus Arme, Beine und Haare für das Mädchen. Für das Geweih biegst du je ein kurzes Stück braunen Pfeifenputzer um die Mitte eines längeren. Schneide ein Stück weißen, gewellten Pfeifenputzer für den Bart zurecht.
2. Klebe die 1 mm starken schwarzen Perlen als Elf-Gesichter auf die Holzkugeln, die 2 mm starken an die Oberseite eines länglichen Kiefernzapfens für das Rentier-Gesicht.
3. Wickle ein Stück Pfeifenputzer in Rot-Metallic um deinen kleinen Finger. Das wird der Hut des bärtigen Elfs. Klebe Hut und Bart an den Kopf.
4. Klebe Haare und Hüte (Kiefernzapfenende für Mädchen, Eichelkappe für Jungen) an die kleinen Elfen sowie das Geweih an den Rentierkopf.
5. Schiebe Arme und Beine von hinten nach vorn zwischen die Schuppen der Kiefernzapfen und klebe sie fest. Klebe die großen Schuppen als Beine an den Rentier-Körper.
6. Klebe alle Köpfe auf. Trage mit dem Pinsel Bastelkleber auf die Stellen auf, die glitzern sollen (z. B. Kopf, Körper, Füße). Halte die Figur über eine Schüssel und streue Glitter auf den Klebstoff. Trocknen lassen.

PUFFREIS-KRABBLER

Bei einem Picknick im Grünen oder einer Gartenparty dürfen diese essbaren Raupen, Hummeln und Marienkäfer nicht fehlen. Puffreiskörper, Marshmallows, Fruchtgummiköpfe und Lakritz machen diese Tierchen richtig lecker! Lass deiner Fantasie freien Lauf und kreiere mit den Zutaten auf dem Foto rechts weitere Puffreis-Krabbler.

Tipp

Verarbeite die Puffreismischung sofort. Sie trocknet schnell aus.

SO GEHT'S

Für die Puffreis-mischung

ZUTATEN

ERGIBT ETWA 70 TIERE

- 5 TL Butter
- 6 Tassen Mini-Marshmallows
- 8 Tassen Puffreis
- Sonnenblumenöl

ZUBEREITUNG

1. *Zerlasse die Butter in einem kleinen Topf bei niedriger Hitze. Gib die Marshmallows hinzu und lass sie zehn Minuten bei mittlerer Hitze in der Butter schmelzen. Dabei mit einem Holzlöffel gut umrühren.*
2. *Nimm den Topf vom Herd und rühre den Puffreis unter. Pinsele eine große Schüssel mit Öl aus, gib die Mischung hinein und decke sie mit Frischhaltefolie ab, damit sie nicht austrocknet.*

MATERIAL

- Puffreismischung (siehe oben rechts)
- Butter
- Schere
- Lakritzschnüre in Schwarz
- Küchenmesser
- runde Gummibonbons in Rot und Gelb
- Zahnstocher
- Backoblaten oder Esspapier in Gelb
- Gummispaghetti in Grün

SCHRITT FÜR SCHRITT

1. Für die Marienkäfer bestreichst du zunächst deine Hände mit etwas Butter und rollst dann mit deinen Händen etwas Puffreismischung zu einer Kugel von ca. 2,5 cm Durchmesser. Schneide ein Ende eines roten Gummibonbons ab und drücke es am Körper fest. Schneide die Lakritzschnüre in Stücke für Augen, Punkte und Rückenstreifen. Stich mit dem Zahnstocher kleine Löcher in die Kugel und drücke die Stücke vorsichtig hinein.
2. Die Hummeln arbeitest du wie den Marienkäfer. Gib ihnen einen gelben Kopf und schneide Lakritzschnüre für die schwarzen Streifen und die Fühler zurecht. Ritze mit dem Messer an den Seiten je einen kleinen Schlitz ein und stecke je einen kleinen, runden Flügel aus Esspapier hinein.
3. Für die Raupen rollst du vier oder fünf Kugeln von je 2 cm Durchmesser und drückst sie aneinander. Stich mit dem Zahnstocher kleine Löcher in den Kopf und drücke Lakritzaugen und grüne Fühler hinein.

2

Mini-Welten bauen

Eine verschneite Landschaft, eine perfekt eingerichtete Autowerkstatt, ein Klassenzimmer nach deinem Geschmack – alles, was du dir ausdenken kannst, kannst du dir auch bauen!

SCHNEEKUGELN

Traumhaft sieht es aus, wenn sich in Schneekugeln der Glitzerschnee auf die winzigen Landschaften oder Figuren legt und sie „einschneit“. Zaubere dir deine eigene magische Schneekugelwelt mit Autos oder lustigen Figuren in ein Marmeladenglas. Einmal schütteln und träumen!

SO GEHT'S

Wusstest du schon?

Glyzerin wird Lebensmitteln oder Cremes zugesetzt, damit sie feucht und geschmeidig bleiben. In deiner Schneekugel sorgt Glyzerin dafür, dass der Glitter nicht zu schnell zu Boden fällt. Gib nur wenige Tropfen dazu, sonst klebt der Glitter am Boden fest.

MATERIAL

- Marmeladenglas mit Deckel
- ofenhärtende Modelliermasse (z. B. FIMO®)
- Glitter
- destilliertes Wasser
- Glyzerin (bekommst du in der Apotheke)
- klarer Nagellack
- Sandpapier
- Silikonkleber

SCHRITT FÜR SCHRITT

1. Schmirgle die Innenseite des Marmeladenglasdeckels ab, bis sie rau ist. So haftet der Klebstoff besser.
2. Forme Autos, Gebäude oder andere Figuren aus Modelliermasse. Härte die Figuren nach Herstelleranleitung im Backofen und bestreiche sie nach dem Abkühlen mit Nagellack. Trocknen lassen. Klebe die Figur mit Silikonkleber auf die Unterseite des Marmeladenglases. Trocknen lassen.
3. Fülle das Glas fast voll mit destilliertem Wasser. Gib eine Prise Glitter und einige Tropfen Glyzerin dazu.
4. Bestreiche den Rand des Marmeladenglases mit Silikonkleber. Schraube den Deckel vorsichtig auf und lass den Klebstoff gut trocknen. Dann kannst du deine Kugel schütteln!

HOLZDORF IM GRÜNEN

Bei diesem Ausflug aufs Land warten eine gemütliche Blockhütte und ein Eis-Stand auf die Besucher. Ein Bauernhof ist ganz in der Nähe und die Tiere heißen die Ankömmlinge willkommen. Häuschen und Lastwagen sind ganz einfach aus flachen Holzstäbchen zusammengeklebt.

Leckeres Eis! Die verschiedenen Eissorten kannst du mit Filzstift auf die Hölzchen schreiben oder du verwendest Buchstabenstempel.

Kuschel-Häuschen Reh, Bär & Co. machen es sich in der heimeligen Blockhütte gemütlich. Und wer darf unterm Dach schlafen?

HOLZDORF IM GRÜNEN – SO GEHT'S

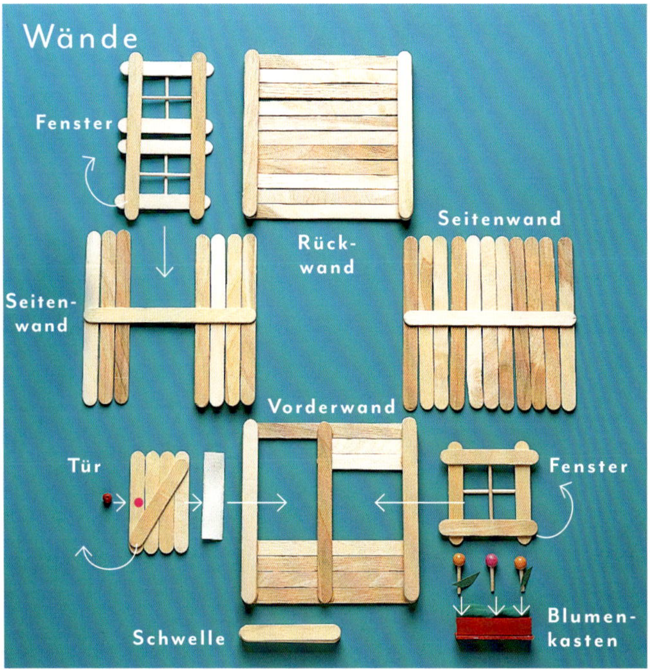

Grundanleitung Wände, Fenster, Tür

1. Beginne mit den Wänden. Lege je nach Größe der Wand mehrere Holzstäbchen nebeneinander. Auf Vorder- und Rückwand klebst du an den Außenkanten der Wand quer je ein Stäbchen auf, um die Wandstäbchen zu verbinden (siehe Foto). Bei den Seitenwänden verbindest du die Stäbchen mit einem mittig quer aufgeklebten Hölzchen (siehe Foto). Spare Fensteröffnungen aus, indem du kurze Stäbchen verwendest.
2. Klebe die Fenster aus vier kurzen Stäbchen. Als Fensterkreuz klebst du Zahnstocher auf.
3. Für die Tür klebst du kurze Stäbchen mit einem diagonalen Hölzchen zusammen. Klebe eine Holzkugel als Türknauf auf. Für die Schwelle klebst du fünf Stäbchen aufeinander.
4. Schneide für den Blumenkasten die Enden von zwei kurzen Stäbchen ab und klebe sie rechtwinklig zusammen. Drücke Knetmasse hinein und dann die Blumen (gefertigt aus Holzperlen auf Zahnstocherstückchen und einem Blütenblatt aus Tonpapier). Klebe Fenster und Blumenkasten von außen auf die Wände. Klebe die Tür mit zwei Stückchen Baumwollband als Angel in die Öffnung. Klebe die Wände zusammen.

Dach

1. Lege zwei Reihen Stäbchen nebeneinander, je nach Länge des Hauses. Klebe sie mittig quer mit einem Holz zusammen (siehe Foto). Klebe zwei Giebel aus je drei Hölzchen.
2. Schneide für den Schornstein ein breites Hölzchen zurecht (siehe Foto). Lass dir von einem Erwachsenen helfen.
3. Klebe die beiden Dachteile nacheinander an ein Giebelteil. Klebe dann das zweite Giebelteil an. Klebe den Schornstein auf und anschließend das Dach auf das Haus.

MATERIAL

- flache Holzstäbchen mit abgerundeten Kanten (Holzspatel) in Naturfarbe und Rot, 1 cm breit, ca. 6,5 cm lang und 11,5 cm lang, sowie 1,7 cm breit, ca. 15 cm lang
- bunte Holzperlen, ø ca. 5 mm
- Tonpapier in Grün
- Baumwollbandrest
- Kreppband, Holzbauklötze, Klammern
- Zwirn
- Filzstifte
- Holzleim
- Zahnstocher
- Knetmasse

Eisstand

1. Klebe nach der Grundanleitung auf Seite 74 die Wände zusammen, wie im Foto oben gezeigt. Das gestreifte Dach klebst du aus naturfarbenen und roten Holzstäbchen zusammen. Die Vorderseite mit der Theke ist etwa fünf Holzstäbchen hoch (siehe Foto Seite 72). Klebe alle Teile zusammen.
2. Für die Liste mit den Eissorten schneidest du von kurzen Stäbchen die Enden ab und klebst sie auf zwei Garnfäden. Die Eissorten kannst du darauf schreiben oder stempeln.

Tipps fürs Kleben

Der Holzleim, den du zum Kleben der Teile verwendest, braucht etwa 15 – 30 Minuten zum Trocknen. Damit die Teile, die du zusammenkleben möchtest, in dieser Zeit nicht verrutschen, gibt es einige Tricks:

- Teile, die in einem Winkel zusammengeklebt werden, kannst du mit etwas Knetmasse unterstützen, die du passgenau in den Winkel formst.
- Mit Kreppband und Bauklötzen kannst du angrenzende Wände oder Dachteile zusammenhalten, während der Kleber trocknet.
- Mit Wäscheklammern kannst du flache Stücke, die aufeinander geklebt werden, zusammenpressen, damit sie sich gut verbinden. Das ist etwa bei den quer aufgeklebten Verbindungsteilen nützlich.

Schwer beladen Die Kuh genießt die Fahrt in dem Lastwagen aus Holzstäbchen und Milchkarton, während Kälber und Hahn neugierig zuschauen. Achte darauf, dass das Fahrgestell hoch genug ist, damit sich die Räder drehen können.

LASTWAGEN – SO GEHT'S

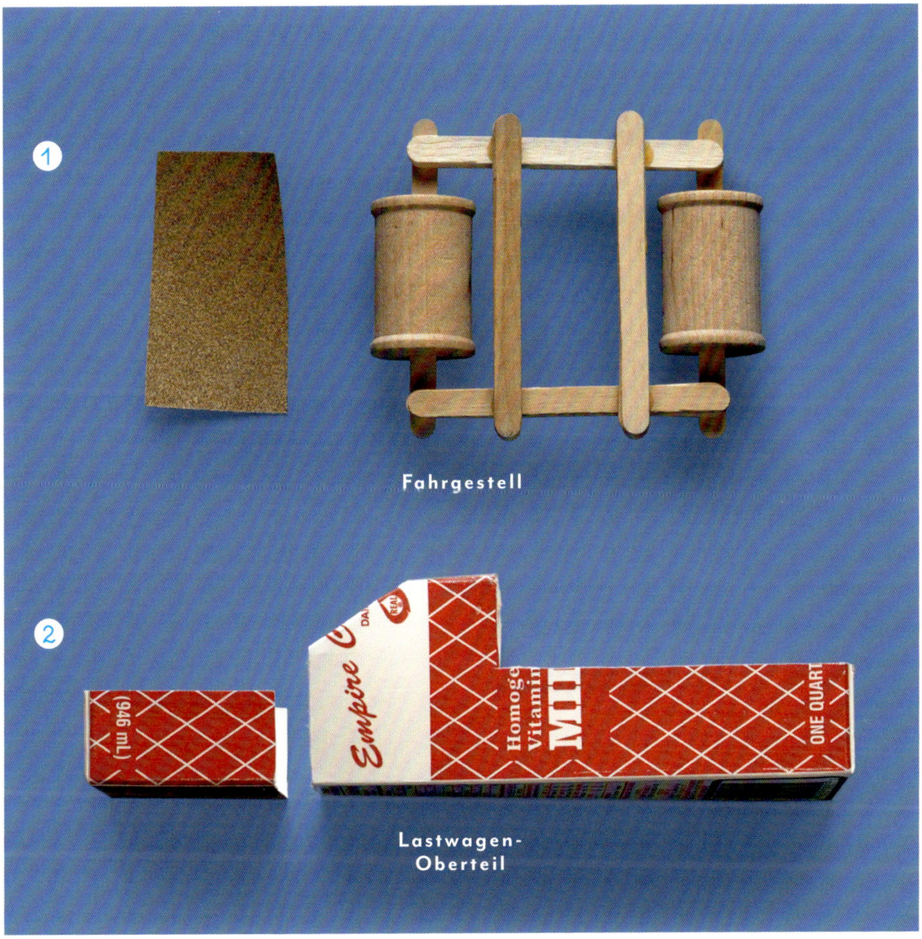

MATERIAL

- Holzstäbchen mit abgerundeten Kanten (Holzspatel)
- Holzspulen
- ggf. Sandpapier
- Holzleim
- leerer, sauberer Milchkarton
- Cutter

Lastwagen

1. Für die Räder schiebst du je ein Holzstäbchen in die Spulenlöcher. Schmirgle die Hölzchen etwas ab, wenn sie zu dick sind. Klebe für das Fahrgestell zweimal vier Stäbchen aufeinander, um die Räder zu verbinden. Dann klebst du zweimal sechs Stäbchen aufeinander und bringst sie quer als Achsen an (siehe Foto links).

2. Schneide die Oberseite des Milchkartons mit einem Messer ab. Lass dir von einem Erwachsenen helfen. Schneide zwei Ecken einige Zentimeter ein und falte eine Seite als Windschutzscheibe nach unten. Die angrenzenden Seiten klappst du nach innen und klebst die Scheibe darauf fest. Schneide einen Teil des Kartons ab für die Ladefläche. Schiebe ein Stück des abgeschnittenen Teils unter die Windschutzscheibe. Klebe Stäbchen zu einem Gitter und bringe sie auf der Ladefläche an.

MINI-PFERDESTALL

Kleine Pferdenarren können sich bei der Gestaltung dieses rustikalen Stalls ordentlich austoben. Eine kleine Holzkiste wird mit allem eingerichtet, was es in einem wirklichen Pferdestall gibt. Naturmaterialien wie Baumrinde und Zweige für den Zaun oder Stroh lassen deine Szenerie richtig echt aussehen. Die Pferde bekommen Sattel und Zaumzeug und sind bereit für den Ausritt.

SO GEHT'S

MATERIAL

- niedrige Holzkiste
- Schwammtuch in Grün
- Baumrinde, Zweige
- Karton
- Getränkedosenringe
- Stroh
- Stickgarn, dünne Kordel und Draht
- Tonpapier
- Landschaftsbild für das Fenster
- Holzspulen
- Fingerhut
- Rundkopfstecknadeln
- Biegeringe, ø ca. 1 cm
- Filzstift
- Filz in verschiedenen Farben
- Schere
- Gartenschere
- Heißklebepistole
- Spielzeug-Pferde

Vorlagen Seite 329

Stall

1. Stelle die Kiste auf eine lange Seite. Schneide den Karton für den Boden zu. Klebe das Schwammtuch auf. Klebe Baumrinden-Streifen als Zaunlatten und kurze Zweige als Pfosten zusammen.
2. Schneide die Dosenringe zu Hufeisen. Umwickle Stroh mit Draht und Kordel als Heuballen. Für den Besen wickelst du mit Draht etwas Stroh um einen Stock. Schneide Turnierschleifen aus Tonpapier zu. Schneide das Landschaftsfoto als Fenster zu. Wickle Kordel auf als Stricke. Beschrifte die Holzspulen mit „Hafer" und „Korn" und schneide Deckel aus braunem Filz dafür zu. Klebe Ästchen als „Regale" zusammen.
3. Zeichne die Pferdedecken u-förmig auf den Filz auf (siehe Foto oben) und schneide sie aus. Loche sie vorn und ziehe Garn als Riemen durch. Knote Halfter aus Garn um die Pferdeköpfe.
4. Richte den Stall ein und klebe alle Teile, auch den Fingerhut als Eimer, an. Stecknadeln dienen als Aufhänger für die Seile.

Sattel

1. Schneide die Teile der Vorlage nach aus Filz aus und klebe sie zusammen.
2. Schneide zwei dünne Streifen Filz für die Steigbügelriemen zu, ziehe je ein Ende durch einen Biegering und klebe es fest. Schneide einen langen, dünnen Filzstreifen als Sattelgurt zurecht. Klebe alles am Sattel fest.

SCHIFF AHOI!

Anker lichten und volle Kraft voraus! Bei diesen Booten bist du der Kapitän. Doch du kannst sie nicht nur steuern, sondern auch ganz nach deinem Geschmack bauen. Ob Segelschiff, Fischkutter, Tretboot oder Ozeandampfer – aus einigen Holzbauklötzen sind sie schnell gemacht und bereit, in See zu stechen.

Wusstest du schon?

Egal, ob dein Boot ein oder sechs Segel hat, das Prinzip ist immer dasselbe: Der Kiel unter dem Rumpf hält das Boot im Wasser stabil. Je größer und länger das Boot ist, desto größer sollte der Kiel sein. Lass dein Boot zuerst in der Badewanne oder im Waschbecken zu Wasser. So siehst du, ob es gut schwimmt. Und dann steht einem Segelabenteuer auf dem nächstgelegenen Teich oder See nichts im Weg! *Hisst die Segel! Wir stechen in See!*

SCHIFF AHOI – SO GEHT'S

MATERIAL

- Holz-Bauklötze
- dünnes Rundholz oder Ess-Stäbchen
- Schraubzwinge
- Säge
- Bohrer
- Sandpapier
- Kreppband
- Holzleim
- Acrylfarbe und Pinsel
- Polyurethan-Lack oder Klarlack
- Tyvek®, A3
- Schere
- wasserfeste Filzstifte
- Locher
- gewachster Zwirn
- Zahnstocher
- leere, saubere Sardinendose
- 2 Kronkorken
- 5 Schraubösen, ø ca. 3–4 mm
- Korken als Ladung
- steifes Fruchtnetz

Vorlagen Seite 330

GRUNDANLEITUNG

(SEGELBOOT SEITE 81 LINKS UNTEN)

1. Befestige einen rechteckigen Bauklotz mit der Schraubzwinge an der Tischkante und säge für den Bug zwei Ecken ab. Lass dir dabei von einem Erwachsenen helfen. Aus einer abgesägten Ecke machst du später den Kiel. Säge das Rundholz auf Mastlänge zu. Bohre mit einem dünnen Bohrer zwei bis drei schmale Löcher in den Mast, hier werden später die Taue verknotet. Bohre ein Loch in die Mitte des Boots für den Mast. Schmirgle den Bootsrumpf und den Kiel schön glatt.
2. Wenn dein Boot aus mehreren Teilen besteht, klebst du sie jetzt mit Holzleim zusammen. Klebe den Kiel auf die Unterseite des Rumpfs und den Mast in das Loch. Trocknen lassen.
3. Male dein Boot mit Acrylfarbe an. Trage die Farbe zwei bis dreimal auf, lass sie zwischendrin immer gut trocknen. Jetzt kannst du den Schiffsnamen, Bullaugen usw. aufmalen. Lackiere dein Boot anschließend zwei- bis dreimal, dann ist es seetüchtig.
4. Schneide aus dem Tyvek® ein dreieckiges Segel zu. Das Segel sollte doppelt liegen, die Falte an der langen senkrechten Seite. Male das Segel an. Stich Löcher entsprechend der Löcher im Mast in das Segel und binde es mit gewachstem Zwirn am Mast fest.

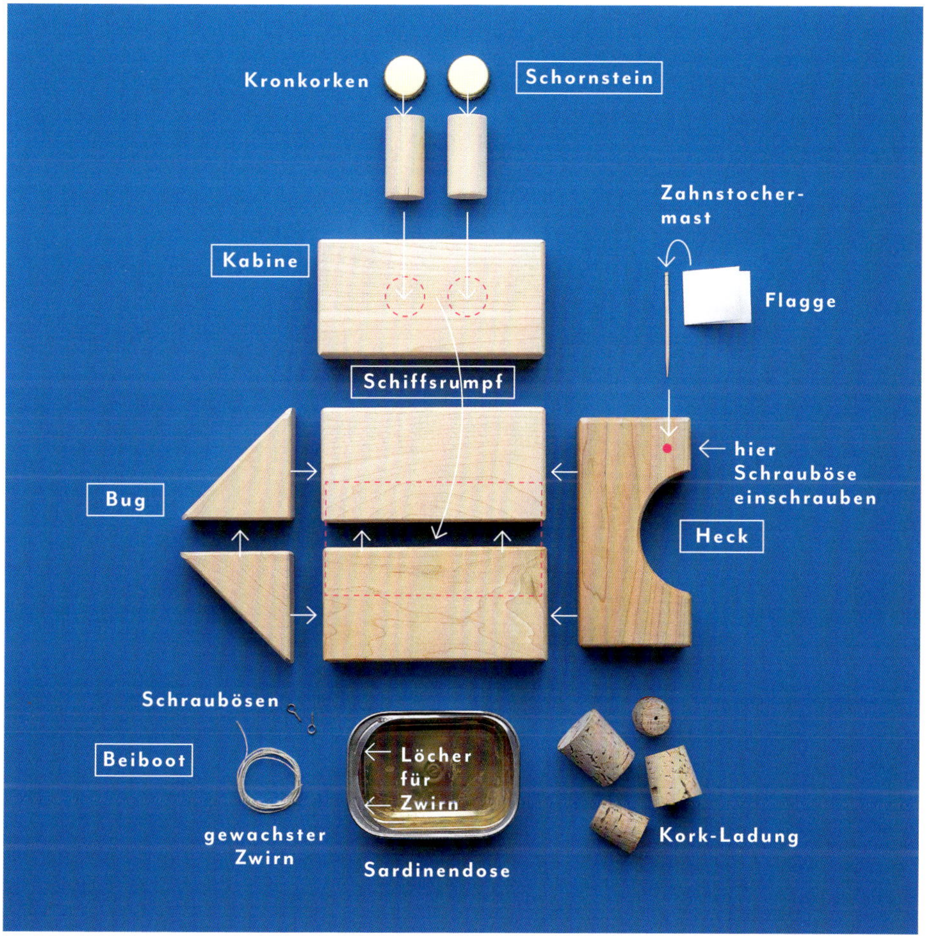

Ozeandampfer (Seite 81 rechts unten)

1. Klebe zwei rechteckige Bauklötze an den Längsseiten zusammen (siehe Foto oben). Zwei dreieckige Holzteile klebst du als Bug an, ein rechteckiges mit Bogenausschnitt als Heck. Für die Kabine klebst du ein weiteres rechteckiges Teil mittig auf den Rumpf.
2. Klebe zwei Kronkorken auf zwei Holzzylinder als Schornsteine und klebe sie auf der Kabine an. Für die Flagge schneidest du ein langes, rechteckiges Stück aus Tyvek® zu, faltest es einmal um einen Zahnstocher und klebst es fest. Bohre ein kleines Loch ins Heck und klebe die Flagge darin fest.
3. Schraube eine Schrauböse auf eine Seite des Hecks und bohre in eine kurze Seite der Sardinendose zwei Löcher. Verbinde Schiff und Anhänger mit gewachstem Zwirn und fülle die Korken als Ladung ein. Auf geht's zur großen Fahrt!

Ahoi, Matrose! Mithilfe der Grundanleitung kannst du auch diesen eleganten Dreimaster basteln. Die Takelage ist aus einem steifen Fruchtnetz zugeschnitten. Schneide die Segel und die Flaggen mithilfe der Vorlagen auf Seite 330 aus. Lege die Schnittmuster mit der oberen geraden Seite in den Falz des Tyvek®, sodass deine Segel aus zwei Lagen bestehen. Stich an den Markierungen Löcher in die Segel und binde sie mit gewachstem Zwirn am Mast fest. Klebe die Flaggen um Zahnstocher, die an den Mastenden festgeklebt werden.

SCHIFF AHOI – SO GEHT'S

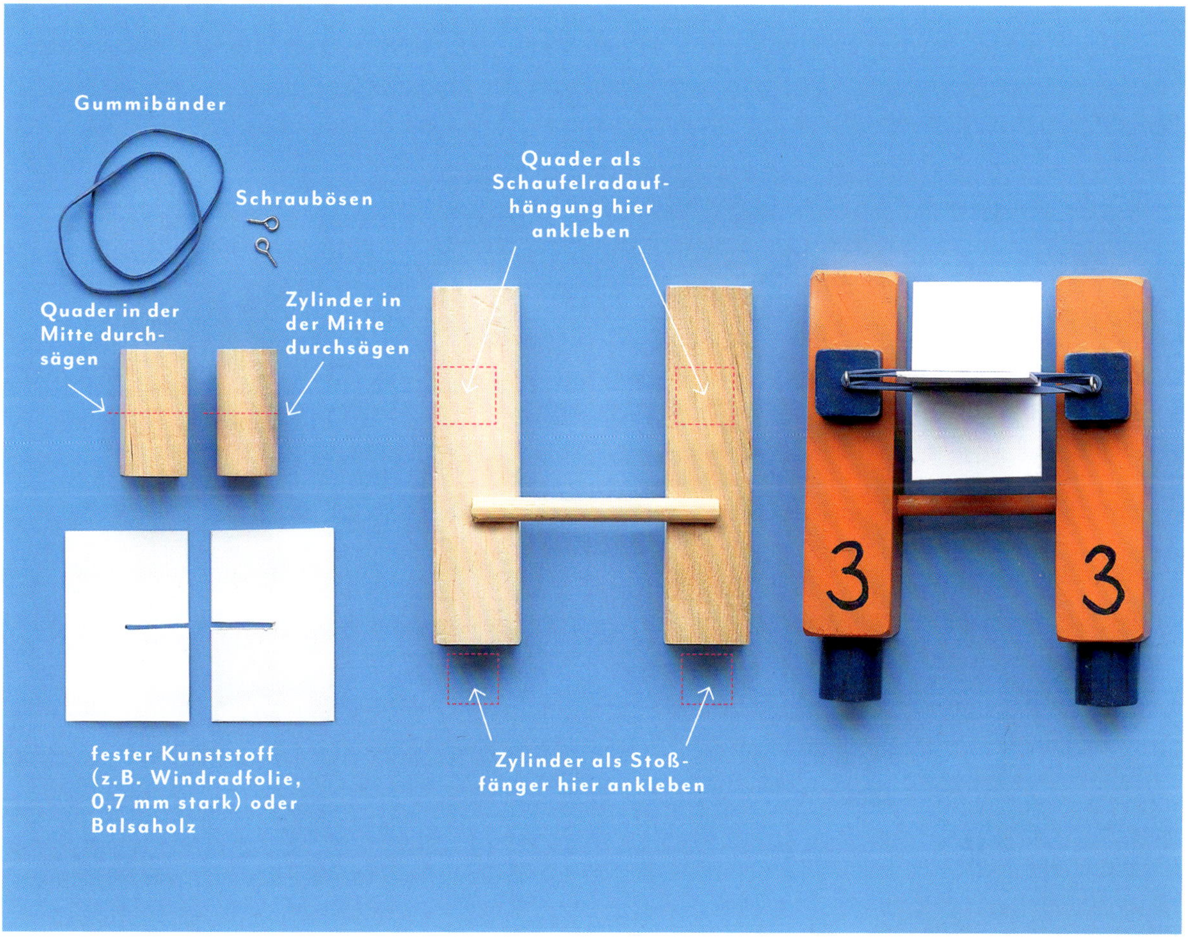

Motorboot (Seite 81 rechts oben)

1. Bohre in zwei längliche Holzklötze je ein Loch und klebe ein Rundholz in die Löcher, um sie zu verbinden. Lass dir von einem Erwachsenen helfen.
2. Säge einen Holzzylinder und einen -quader in der Mitte durch. Klebe die Zylinderteile und die Quaderteile wie auf dem Foto gezeigt an. Bemale und lackiere das Boot. Trocknen lassen. Schraube die Schraubösen auf die Oberseite der Quader.
3. Schneide zwei Rechtecke mit Schlitzen (siehe Foto) als Schaufelblätter aus Balsaholz oder festem Kunststoff aus. Stecke die Rechtecke zusammen und schlinge zwei Gummibänder um die Achse. Ziehe die Gummienden über die Schraubösen.

Tipp
Das Motorboot wird mit einem Schaufelrad aus Gummibändern angetrieben. Halte das Boot mit dem Bug nach vorn, mach mit den Schaufelrädern ein paar Umdrehungen zu dir hin, setze dein Boot ins Wasser und ab geht's! Je stärker der Gummi gespannt ist, desto schneller fährt dein Boot.

KUNTERBUNTES KARTONDORF

Aus einfachen, alten Dokumentenmappen ist dieses malerische Dorf am Waldrand entstanden. Die Häuser bestehen aus zwei Teilen, die mit doppelseitigem Klebeband zusammengehalten werden. Neugierig bestaunt der Hirsch die rosafarbenen und grünen Dächer.

MATERIAL

- Dokumentenmappen aus Karton, A4, oder Fotokarton, A3, Farben nach Wunsch
- Schere
- doppelseitiges Klebeband
- Bleistift

Vorlagen Seite 330

SCHRITT FÜR SCHRITT

1. Falte den Fotokarton einmal mittig quer. Übertrage die Vorlagen auf den Karton. Lege die Dachvorlage mit dem First in den Falz. Schneide die Teile aus.
2. Ritze die gestrichelten Linien der Häuser leicht mit der Schere ein. So lässt er sich besser knicken. Klebe die Lasche mit doppelseitigem Klebeband innen an der benachbarten Seite fest. Klebe doppelseitiges Klebeband auf die oberen Hauskanten und setze das Dach auf.
3. Schneide an den in der Vorlage gekennzeichneten Markierungen Schlitze in die Bäume und stecke je zwei Teile zusammen.

KARTENHAUS

Kartenhäuser sind normalerweise kurzlebige Gebilde. Nicht jedoch dieses Kartenhaus. Schneide 10 cm x 15 cm große Karten aus Fotokarton oder alten Kartonverpackungen, die du in der Küche findest, aus. Mit 5 cm langen Strohhalmen, in die du an jedem Ende ca. 1 cm lange Schlitze geschnitten hast, kannst du die Karten stabil verbinden. Für die Hausecken faltest du die Karten einmal in der Mitte.

GROSSE AUTOGARAGE

Ein Großprojekt für kleine Autofans: Diese Tankstelle mit Garage, Waschanlage und Werkstatt ist perfekt für Spielzeugautos aller Art. Hauptbaustoff für Gebäude und Anlagen sind alte Kartons und Küchenrollen. Material für das Zubehör findest du ganz leicht in der Küche, in der Garage oder in der Näh- und Bastelkiste. Gestalte und verziere dieses Autoparadies nach Herzenslust.

Tipp

Für die Beschriftungen sind Buchstaben-Magnete, Zahlen-Aufkleber oder Stempel gut geeignet. Die Kartongebäude kannst du mit Tonpapier bekleben oder anmalen. Gelbes Isolierband markiert die Parkbuchten, und Sandpapier auf dem Boden wirkt wie Asphalt. Die Öltonnen sind aus Garnspulen gemacht und in der Waschanlage kommen Flaschenbürsten zum Einsatz.

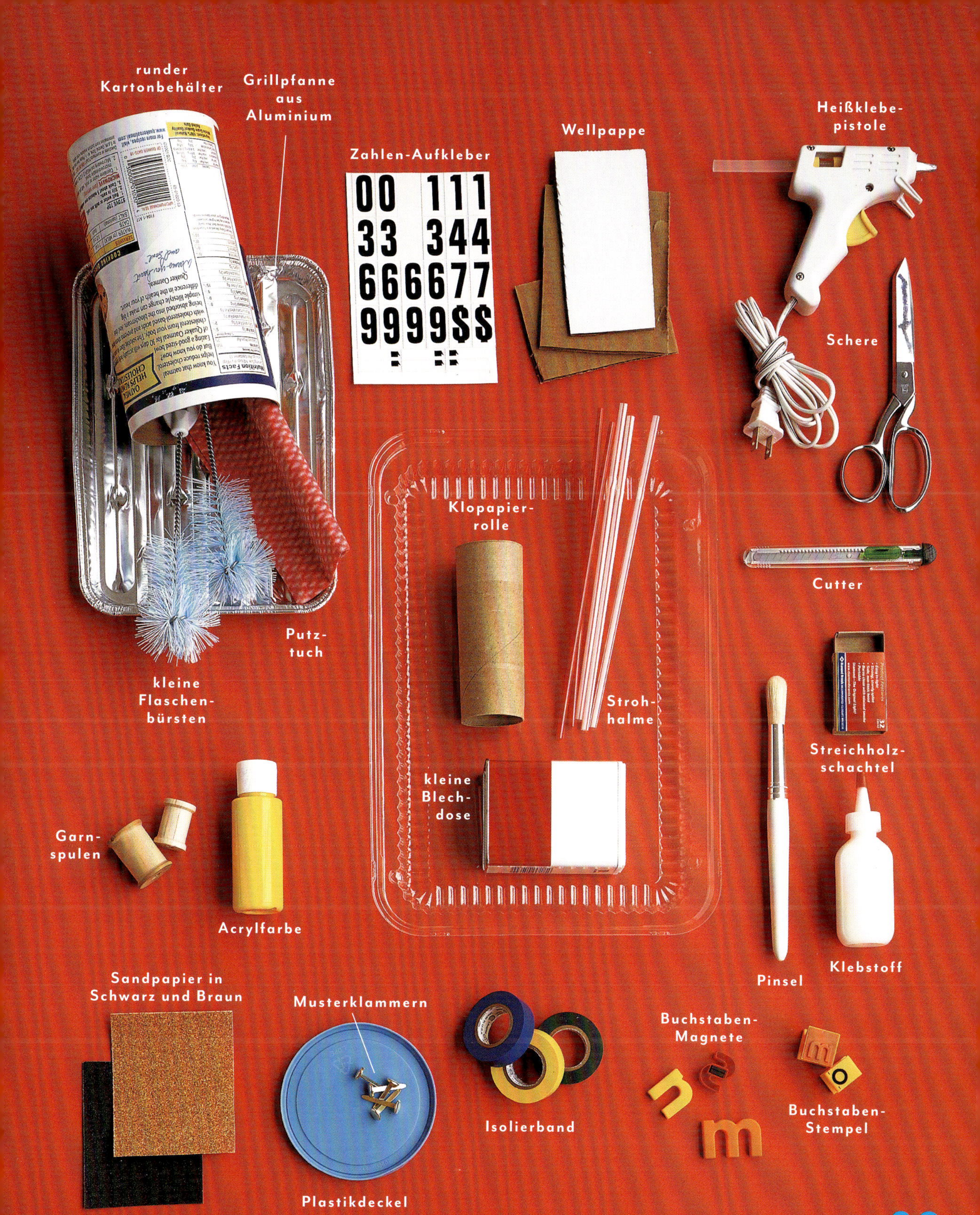

runder Kartonbehälter
Grillpfanne aus Aluminium
Zahlen-Aufkleber
Wellpappe
Heißklebepistole
Schere
Klopapierrolle
Cutter
Putztuch
kleine Flaschenbürsten
Strohhalme
Streichholzschachtel
kleine Blechdose
Garnspulen
Acrylfarbe
Pinsel
Klebstoff
Sandpapier in Schwarz und Braun
Musterklammern
Buchstaben-Magnete
Isolierband
Buchstaben-Stempel
Plastikdeckel

AUTOGARAGE – SO GEHT'S

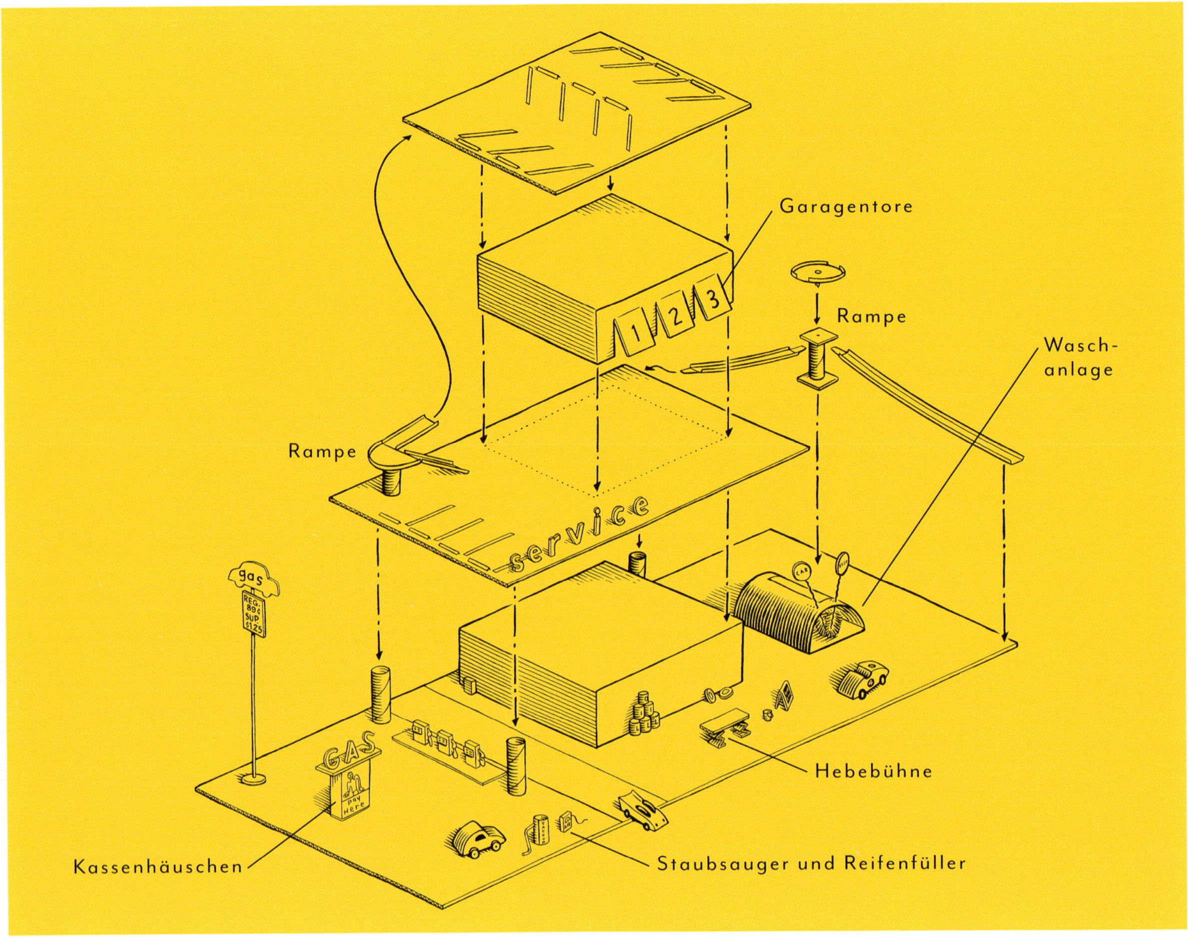

Autogarage

1. Schneide Kartonteile wie in der Grafik zu sehen zurecht und klebe sie zusammen. Papprollen bilden Stützen für Dächer oder Rampen.
2. Schneide zusammen mit einem Erwachsenen Klappen als Garagentore zu.
3. Als Rampen verwendest du Teile einer Autorennbahn. Schiebe die Bahn-Enden in die Wellpappe hinein. Für die Drehscheibe schneidest du den Plastikdeckelrand an zwei gegenüberliegenden Stellen einige Zentimeter ab. Verbinde den Deckel und ein Kartonquadrat in der Mitte mit einer Musterklammer. Klebe den Karton auf eine Papprolle.
4. Für die Hebebühne faltest du zwei dünne Kartonstreifen zur Ziehharmonika und klebst sie an einen dritten Kartonstreifen.
5. Für das Kassenhäuschen malst du den Kassierer auf ein Stück Papier und beklebst damit eine kleine Schachtel.
6. Klebe zusammen mit einem Erwachsenen Buchstaben-Magnete mit der Heißklebepistole auf.

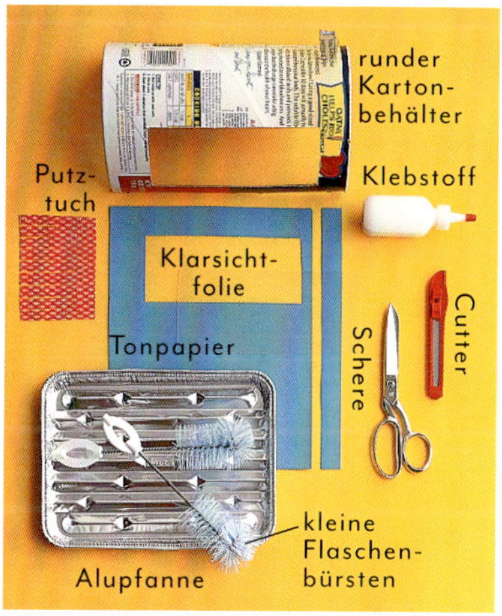

Autowaschanlage

1. Schneide bei einem runden Kartonbehälter den Boden und etwa ein Drittel an der Seite ab. Schneide ein rechteckiges Dachfenster ein und beklebe es mit einem Stück Klarsichtfolie, das etwas größer als die Öffnung ist.
2. Schneide ca. 2,5 cm vom Rand entfernt zwei Öffnungen in den Karton und schiebe die Griffe der Flaschenbürsten hindurch. Beklebe den Karton mit Tonpapier. Schneide vier Kartonkreise zu und klebe je zwei gegeneinander an die Enden der Bürsten. Klebe die Buchstaben auf.
3. Schneide 1 cm breite Streifen in ein Spültuch und klebe es auf die Rückseite der Waschstraße. Die Alupfanne legst du als Boden in die Waschanlage.

AUTOGARAGE – SO GEHT'S

Staubsauger und Reifenfüller

1. Male eine leere Klopapierrolle bunt an und verziere sie mit Klebeband und Buchstaben.
2. Schneide die Knicke von drei Strohhalmen ab und verbinde sie mit Klebefilm. Mach ein Loch in die Rolle und schiebe den Schlauch hinein.
3. Für den Reifenfüller beklebst du eine kleine Schachtel mit Tonpapier. Schneide einen Halbkreis aus Papier zu und zeichne Skala und Zeiger auf. Klebe Skala, Buchstaben und ein Gummiband als Schlauch an.

Zapfsäule

1. Beklebe eine Streichholzschachtel mit Alufolie.
2. Mach an einer Längsseite ein Loch. Klebe das eine Ende eines aufgeschnittenen Gummibands in das Loch. An das andere Ende klebst du ein Zapfventil, das du aus Karton zuschneidest (siehe Fotos oben).
3. Schneide ein kleines Rechteck aus Karton aus, klebe schwarze Tonpapierstreifen auf und befestige die Anzeige mit Klebstoff an der Zapfsäule.

MINI-SKIPARADIES

Eine große Keksdose oder ein tiefer Karton sind der perfekte Rahmen für dieses Skiparadies im Mini-Format. Winzige Skifahrer aus dem Modelleisenbahnzubehör sausen die Pisten aus Schaumstoff zwischen den herrlich verschneiten Tannenbäumen hinunter. Die hungrigen Rehe lassen sich von diesem winterlichen Treiben nicht stören.

SO GEHT'S

MATERIAL

- große, ovale Blechdose oder Karton
- Styropor®, ca. 1 cm stark
- gewellte Pfeifen-putzer in Grün
- Schneespray
- Acrylfarbe in Weiß
- kleine Modell-eisenbahn-Figuren (Skifahrer und Rehe)
- Messer mit Wellenschliff
- Bleistift
- Heißklebepistole oder Klebstoff
- Pinsel
- Frischhaltefolie
- Gummiband in Weiß
- Zahnbürste

SCHRITT FÜR SCHRITT

1. Lege die Dose mit der Öffnung nach unten auf den Schaumstoff und umfahre sie. Wiederhole diesen Schritt viermal.
2. Schneide zusammen mit einem Erwachsenen die Styropor®-Teile aus. Für den Hintergrund bedeckst du mit einem Teil den ganzen Dosenboden. Die übrigen vier schneidest du in verschiedenen Größen (siehe Foto) als Piste zu. Klebe die Teile in die Dose.
3. Schneide aus dem gewellten Pfeifenputzer Tannenbäume zurecht. Am Stamm schneidest du die Borsten ab. Besprühe die Bäume mit Schneespray und stecke sie entlang der Piste in den Styropor®.
4. Klebe die Figuren auf. Spanne Frischhaltefolie über die Dose und fixiere sie mit einem Gummiband. Spritze mit einer Zahnbürste weiße Farbe als Schneeflocken auf die Folie.

ZUCKERHÄUSCHEN

Diese Häuschen sind ein Traum für alle Naschkatzen. Sie werden nämlich aus Keksen, Fruchtgummi, Schokolinsen und anderen leckeren Süßigkeiten gebaut. Zusammengeklebt werden die einzelnen Teile ganz einfach mit Zuckerguss. Lass dich von diesen Ideen inspirieren und gestalte jedes Haus ganz nach deinem Geschmack.

Süßes Ferienhaus

Ein Ferienhaus in den Schweizer Bergen. An der Tür hängt ein Weihnachtskranz aus grünem Fruchtgummi mit einer Schleife aus sauren Schnüren. Die grünen Büsche aus runden Fruchtbonbons sind weiß gesprenkelt, und unter dem Kokosraspel-Schnee schaut der mit Kaugummistreifen geflieste Weg hervor. Die Straßenlaterne im Hintergrund ist ein Lolli, der in einem roten Gummibonbon steckt.

SO GEHT'S

Zuckerguss

ZUTATEN

- 4 Tassen Puderzucker
- ¼ Tasse Baiser-Pulver
- ¼ Tasse Wasser

ZUBEREITUNG

Rühre Puderzucker, Baiser-Pulver und Wasser mit dem Rührgerät auf niedrigster Stufe ca. sieben Minuten glatt. Ist die Masse zu fest, gib teelöffelweise etwas Wasser hinzu. Die Masse sofort verwenden.

MATERIAL

- Vollkornkekse
- Süßigkeiten für die Dekoration (Gummibonbons, Schokolinsen, Zuckerstangen usw.)
- Kokosraspel
- Rezept für Zuckerguss (siehe oben rechts)
- Messer mit Wellenschliff
- wiederverschließbarer Plastikbeutel
- Schere
- Pappteller
- kleines Gefäß

GRUNDANLEITUNG

1. Schneide mit dem Messer die Hausteile aus Keksen zu: zwei quadratische Seitenteile, je ein oben spitz zulaufendes Vorder- und Rückteil, zwei Dachteile.
2. Fülle den Zuckerguss in einen wiederverschließbaren Plastikbeutel und schneide unten eine kleine Ecke ab. Gib etwas Zuckerguss auf die Unterseite des Vorderteils und klebe das Teil auf einen umgedrehten Pappteller. Verwende das kleine Gefäß als Stütze. Gib Zuckerguss auf Seitenteile und Rückteil und klebe sie an. Entferne das Gefäß.
3. Klebe die beiden Dachteile auf. Bestreiche das Dach mit Zuckerguss und klebe Schokolinsen o. Ä. als Dachziegel auf. Trocknen lassen. Jetzt kannst du Türen und Fenster aufkleben. Zum Schluss streust du Kokosraspel als Schnee um dein Haus.

Ein Traum in Rot-Weiß Das mit roten Fruchtgummistreifen gedeckte Haus ist rundherum mit roten Zuckerkugeln geschmückt. Ein Herz aus den runden Oberteilen von zwei Zuckerstangen bildet das gemütliche Dachfenster. Auch der rot-weiß gestreifte Briefkasten steht auf einer Zuckerstange, die in einem roten Fruchtbonbon-Fuß steckt. Das rot-weiße Männlein mit den Augen aus Liebesperlen hat gerade einen Schneemann gebaut und freut sich nun auf eine Fahrt durch den Kokosraspel-Schnee mit seinem neuen Schlitten aus Keks und Zuckerstangen.

ZUCKERHÄUSCHEN – SO GEHT'S

Fachwerkhaus

Trage auf die Hauswände eine dicke Schicht Zuckerguss auf und drücke Salzstangen als Holzbalken hinein. Für den Lattenzaun brichst du Salzstangen klein und verbindest sie mit Zuckerguss. Das dunkle Dach besteht aus Schokoladenkeksen. Damit es drinnen gemütlich warm ist, lagern neben dem Haus Holzscheite aus Keksröllchen. Die Schokokeks-Fußmatte ist mit Buchstaben-Nudeln verziert und heißt die Besucher willkommen. Auch die Hausnummer ist aus Nudeln aufgeklebt.

Blockhütte im Wald

Geschützt in einem Eiswaffel-Wald steht diese kleine Blockhütte. Das Dach ist mit Mandelscheiben gedeckt, als Giebelfenster dient ein Kürbiskern. Neben dem Fußweg aus einem Sesamriegel türmt sich Zimtstangen-Brennholz. Es wartet nur darauf, in dem hohen Karamell-Kamin hinter dem Haus verbrannt zu werden.

PUPPENSTUBEN

Aus einigen Karton-Stücken kannst du im Handumdrehen diese bezaubernden Puppenstuben basteln. Hier findest du Anleitungen für ein Wohnzimmer, einen Klassenraum und einen Stall für deine Spieltiere. Gestalte deine Mini-Welten ganz nach deinem Geschmack, du bist der Architekt!

SO GEHT'S

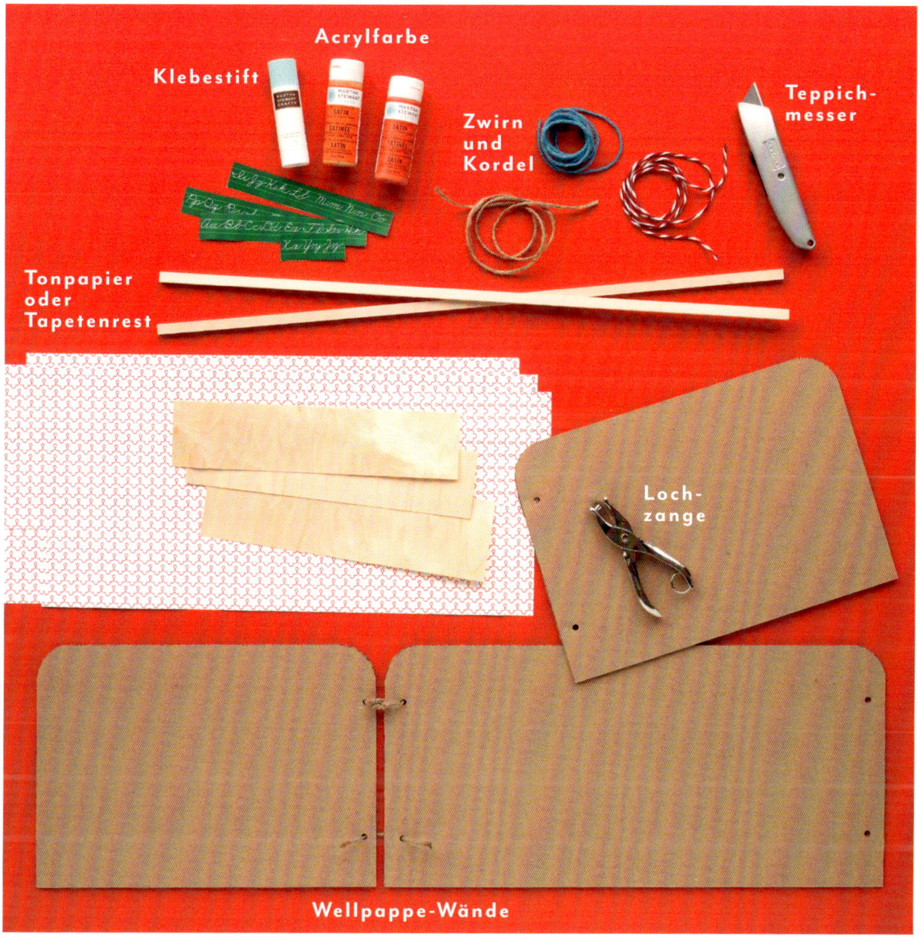

MATERIAL

- Wellpappe
- Tapetenrest oder gemustertes Tonpapier
- Acrylfarbe in verschiedenen Farben
- Holzfurnier für den Boden
- Zwirn oder Kordel
- Lochzange
- Bastelkleber oder Klebestift
- Teppichmesser
- Schere
- Bleistift
- Puppenmöbel und Puppenstubenzubehör

Vorlagen Seite 331

SCHRITT FÜR SCHRITT

1. Übertrage die Vorlagen für die Wände auf die Wellpappe und schneide sie mit einem Teppichmesser aus. Lass dir von einem Erwachsenen helfen.
2. Bemale die Wände oder beklebe sie mit passenden Stücken Tapete oder Tonpapier. Trocknen lassen.
3. Mach mit der Lochzange zwei Löcher an beide Seitenkanten der Rückwand und an je eine Seitenkante der kurzen Wände, jeweils etwa 4 cm von der Ober- und der Unterkante entfernt (siehe Foto oben). Ziehe Zwirn durch die Löcher und verknote die Enden. Schneide Fenster und eine Tür aus und befestige die Tür mit Zwirn wie die Wände. Lass dir von einem Erwachsenen helfen.
4. Setze die Wände auf einen „Boden" aus Holzfurnier oder mit Tonpapier beklebte Wellpappe. Und jetzt kannst du deine Puppenstube einrichten und die Puppenfamilie einziehen lassen.

Mini-Klassenzimmer In diesem gemütlich eingerichteten Klassenzimmer bekommt man richtig Lust auf Schule! Die Tafel besteht aus einem Holzbrettchen, auf das in der Mitte eine rechteckige Fläche Tafelfarbe aufgetragen wurde. Der Wandvorsprung aus Balsaholzleisten, die auf Holzfurnierpapier geklebt sind, ist ideal als Ablage für Bücher oder die tollen Buchstabenschablonen aus Tonpapier. Der Laptop aus Wellpapier hat einen selbst gemalten Bildschirm. Winzige Schülerzeichnungen zieren die Wand. Bestimmt hast du noch viele anderen Ideen, wie dein Wunschklassenzimmer aussehen könnte.

Ein Haus für deine Tiere

Deine Spieltiere brauchen ein neues Zuhause? Dann ist dieser Stall genau das Richtige für sie. Das zweiflügelige Tor an der Rückwand bietet ihnen genug Platz zum Hinein- und Hinausgehen. Dann brauchst du nur noch einen Zaun, ein Körbchen voll Stroh aus Schredderpapier, eine Leiter und fertig ist der Stall.

Wusstest du schon?

Bei der Einrichtung deiner Mini-Räume kannst du deiner Fantasie freien Lauf lassen. Puppenmöbel kannst du fertig kaufen oder einfach selbst machen. Wie wäre es z. B. mit hübschen Vorhängen aus Stoffresten, Sesseln aus Eierkartonhütchen oder einer alten Cremedose als Tisch?

3

Spiel & Spaß

Diese Spielsachen und Musikinstrumente kannst du nirgends kaufen. Denn sie werden aus deiner Fantasie und hübschen Alltagsfundstücken einfach selbst gemacht.

MUSIKINSTRUMENTE

Musikfreunde, aufgepasst! Ihr wollt eine Band gründen? Dann plündert doch einfach die Altpapiertonne oder den Recycling-Abfall. Dort findet ihr alles, was ihr braucht, um coole Musikinstrumente zu bauen. Ein Banjo aus Gummibändern über einer alten Schuhschachtel, ein Tamburin aus Papptellern oder eine Dosentrommel – lasst es richtig krachen!

Trommel Bohre unten in eine leere, große Blechdose seitlich zwei Löcher. Ziehe ein Band als Träger durch und verknote es innen ein paar Mal. Jetzt kannst du die Trommel umhängen. Für die Schlägel bohrst du mit einem Nagel ein Loch in einen Tischtennisball und steckst den Ball auf ein Rundholz.

Kazoo Wenn du gut Lieder summen kannst, ist ein Kazoo das richtige Instrument für dich! Bohre in ein Ende einer leeren Küchenrolle ein Loch. Bedecke das eine Ende der Rolle mit Butterbrot- oder Backpapier und befestige es mit einem Gummi. Summe in das offene Ende.

TAMBURIN – SO GEHT'S

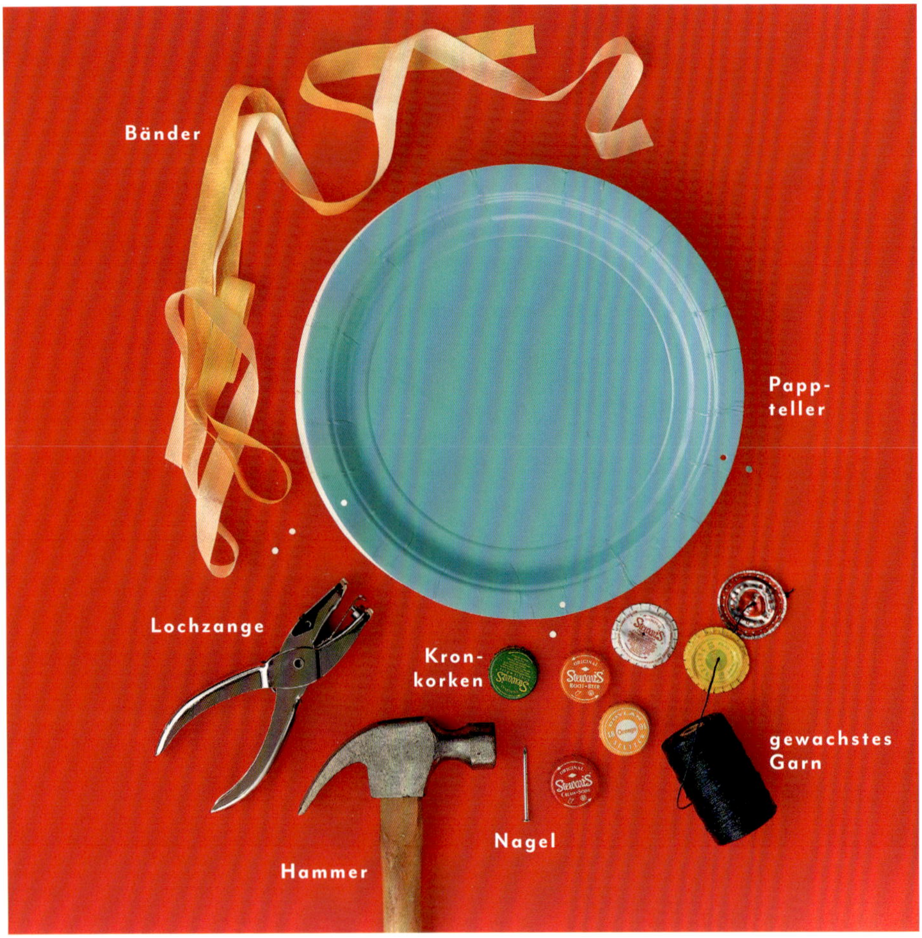

MATERIAL

- 2 Pappteller
- 20 Kronkorken
- Hammer und Nagel
- Bastelkleber
- Lochzange
- gewachstes Garn
- Geschenkband oder Nahtband

SCHRITT FÜR SCHRITT

1. Hämmere zusammen mit einem Erwachsenen auf einer stabilen Unterlage die Kronkorken flach. Einige sollten etwas flacher als die anderen sein. Schlage mit Hammer und Nagel ein Loch in jeden Kronkorken.
2. Klebe die Pappteller auf den Unterseiten zusammen. Trocknen lassen.
3. Mach mit der Lochzange rundherum in die Ränder der beiden Teller je sechs Löcher, immer zwei an derselben Stelle. Ziehe jeweils 10 cm Garn durch fünf Lochpaare und fädle je zwei bis vier Kronkorken auf, sodass sie außerhalb und zwischen den Rändern sitzen. Verknote die Enden.
4. Verknote einige Bänder im sechsten Loch (siehe Seite 104).

BANJO – SO GEHT'S

Wusstest du schon?
Ohne die Bleistifte als Stege käme aus deinem Banjo keine Musik. Denn nur wenn die Gummisaiten nicht direkt auf dem Karton aufliegen, können sie schwingen und so einen Ton erzeugen.

MATERIAL

- 2 Bleistifte
- Schuhkarton mit Klappdeckel
- Marmeladenglas oder -deckel, ø ca. 10 cm
- Schablonenmesser
- Papprolle, ca. 50 cm lang
- 3–5 Gummiringe in verschiedenen Stärken und Längen

SCHRITT FÜR SCHRITT

1. Zeichne mithilfe des Marmeladenglases oder Deckels einen Kreis in die Mitte des Schuhkartondeckels. Schneide ihn zusammen mit einem Erwachsenen mit dem Messer aus.
2. Halte die Papprolle als Schablone auf eine schmale Seite des Kartons und umkreise sie mit Bleistift. Schneide den Kreis etwas kleiner als aufgezeichnet aus. Schiebe die Rolle als Banjohals hinein.
3. Spanne die Gummiringe über den Schuhkarton. Klemme je einen Bleistift links und rechts des Lochs als Steg unter die Gummiringe, sodass die Gummis den Karton nicht mehr berühren. Jetzt kannst du dein Banjo spielen. Gummis in verschiedenen Stärken und Längen machen unterschiedliche Töne!

RENNWAGEN

Auf die Plätze, fertig, los! Hier kommen alle Freunde schneller Autos auf ihre Kosten. Befestige vier Räder an einem kleinen Karton oder einer leeren Plastikflasche und fertig sind die windschnittigen Rennwagen. Wer saust als Erster durchs Ziel?

Raketenantrieb

Mit diesem Raketenauto bläst du die Konkurrenz im wahrsten Sinne des Wortes weg. Als Antrieb dient ein Luftballon. Puste den Ballon auf, lass ihn los und schon zischt dein Flitzer davon!

RAKETENAUTO – SO GEHT'S

MATERIAL

- länglicher Karton, an einer Seite offen
- 2 Schaschlikspieße
- 2 Strohhalme
- Luftballon
- 4 Kunststoffdeckel, je 2 oder alle 4 in derselben Größe
- Klebeband
- Ahle
- evtl. große Unterlegscheibe aus Stahl, ø ca. 6 cm

SCHRITT FÜR SCHRITT

1. Klebe den Luftballon wie im Foto zu sehen lose mit Klebeband auf dem Karton fest.
2. Für die Achsen schneidest du die Strohhalme so zu, dass sie auf jeder Kartonseite etwa 1 cm überstehen. Schneide die Schaschlikspieße so zu, dass sie etwa 1,5 cm länger als die Strohhalme sind. Mach mit der Ahle in die Mitte der Kunststoffdeckel ein Loch. Schiebe die Spieße in die Strohhalme und stecke die Deckel als Räder auf.
3. Klebe die Strohhalme auf der Unterseite des Autos mit Klebeband auf. Zum Stabilisieren kannst du eine Unterlegscheibe auf der Unterseite aufkleben. Puste den Ballon auf und das Rennen kann beginnen!

FLINKER FLITZER – SO GEHT'S

MATERIAL

- leere Plastikflasche
- 4 Kunststoffdeckel oder Räder von alten Spielzeugautos
- 2 Schaschlikspieße
- 3 Strohhalme
- Klebeband
- Aufkleber (Zahlen, bunte Klebebänder)
- Klebeband in Rot
- Ahle
- Schere
- evtl. große Unterlegscheibe aus Stahl, ø ca. 6 cm

SCHRITT FÜR SCHRITT

1. Entferne das Etikett von der Flasche.
2. Befestige die Räder wie auf Seite 111 in Schritt 2 und 3 beschrieben.
3. Dekoriere dein Auto mit Zahlen-Aufklebern und bunten Klebebändern als Startnummern und Rennstreifen. Für die rote Fahne klebst du rotes Klebeband um einen Strohhalm und schneidest es dreieckig ab. Klebe den Strohhalm mit rotem Klebeband an dein Auto.

Recycling-Flitzer

In eurem Recycling-Abfall findest du sicher viele Plastikflaschen in unterschiedlichen Größen und Formen. Bastle dir mehrere Autos. Welches saust am schnellsten?

PAPPMASCHEE-FAHRZEUGE

Ob Sportflitzer, Pick-up, Wohnwagen, Motorrad oder Bus – alle Fahrzeuge auf dieser Seite sind aus Pappmaschee gemacht. Du brauchst dazu nur ein paar Pappschachteln, etwas Zeitungspapier, Mehl, Wasser und Farbe und schon kann es losgehen. Du stehst mehr aufs Fliegen? Dann bastle dir ein UFO oder eine Weltraumrakete!

Flugobjekte

Kugeläugige Außerirdische sausen mit ihren fliegenden Pappmaschee-Untertassen durchs All. Die Rakete auf Mars-Mission flitzt an ihnen vorbei.

PAPPMASCHEE-FAHRZEUGE – SO GEHT'S

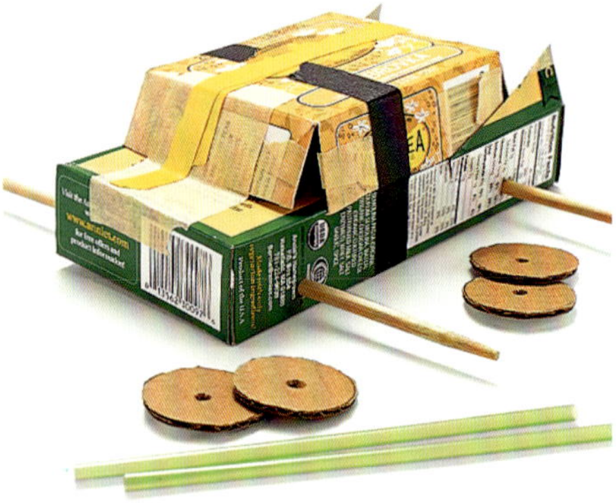

MATERIAL

- kleine Pappschachteln in verschiedenen Größen und Formen
- Karton
- Rundhölzer oder Essstäbchen
- Strohhalme
- Tonpapier, Aufkleber, Zackenlitze, Bänder nach Wunsch
- leere Küchenrolle
- Pappteller
- Pappbecher
- durchsichtige Kunststoffbehälter
- kleine Alien-Figuren
- Klebeband
- Bleistift
- Schere
- Mehl
- Wasser
- Schüssel
- Löffel
- Zeitungspapier
- Acrylfarbe

Grundform

1. Suche dir geeignete Pappkartons für dein Fahrzeug aus. Du kannst die Formen verändern, indem du z. B. Ecken für eine schräge Windschutzscheibe aufschneidest. Befestige die Pappformen mit Klebeband aneinander.
2. Stich Löcher in die Seiten der Schachteln und schiebe Rundhölzer oder Essstäbchen als Radachsen hinein. Schneide Räder aus Karton aus. Sollen sich die Räder drehen, verwende Holzspieße und Strohhalme wie auf Seite 111 in Schritt 2 beschrieben.

Mit Pappmaschee bekleben

1. Verrühre einen Teil Mehl mit zwei Teilen Wasser in einer Schüssel.
2. Reiße Zeitungspapier in Streifen. Tauche einen Streifen in die Mehl-Wasser-Mischung und drücke ihn etwas aus. Klebe ihn auf die Grundform und streiche ihn glatt. Beklebe auf diese Weise die Grundform mehrere Lagen dick mit dem Zeitungspapier. Über Nacht trocknen lassen.
3. Bemale dein Fahrzeug und dekoriere es mit Aufklebern. Schneide die Radachsen auf die passende Länge und stecke die Räder auf.

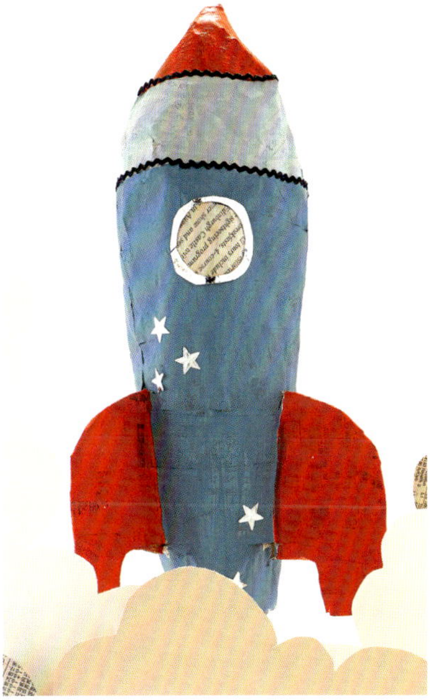

Tipp
Bedecke deinen Arbeitsplatz großflächig mit Zeitungspapier, wenn du mit Pappmaschee arbeitest.

Rakete

1. Forme die Rakete aus zerknülltem Zeitungspapier, das du mit Klebeband wie im Foto oben gezeigt auf einer leeren Küchenrolle festklebst.
2. Schneide die Raketenflügel aus dünner Pappe zu und befestige sie mit Klebeband an der Küchenrolle. Überziehe die Rakete Schicht für Schicht mit Pappmaschee. Über Nacht trocknen lassen.
3. Jetzt kannst du deine Rakete mit Acrylfarbe bemalen und nach Lust und Laune mit Zackenlitze und Aufklebern verzieren.

Fliegende Untertasse

1. Schneide in die Mitte eines Papptellers ein Loch. Es sollte so groß sein, dass ein hineingeschobener Pappbecher etwa 1 cm herausragt.
2. Klebe den Teller mit Klebeband auf einen weiteren Pappteller, die Unterseiten zeigen nach außen. Stopfe das Innere des Ufos vorher mit etwas zerknülltem Zeitungspapier aus. Beklebe das Ufo Schicht für Schicht mit Pappmaschee. Lass es über Nacht gut trocknen.
3. Jetzt kannst du dein Ufo mit Acrylfarbe bemalen und mit Aufklebern oder Klebebändern nach Wunsch verzieren. Lass eine Alien-Figur einsteigen und stülpe ein durchsichtiges Kunststoffgefäß als Glasglocke darüber.

DIE WAS-PASSIERT-DANN-MASCHINE

Was gibt es Spannenderes, als zuzusehen, wie eine Maschine funktioniert? Besonders aufregend ist es, einer Fantasiemaschine bei der Arbeit zuzusehen. Über Rampen, durch Schläuche, an Seilwinden oder über Wippen rollen Murmeln und Autos in dieser Maschine, bis am Ende die Kaugummikugel in die Schale fällt.

Eigene Ideen Du kannst deine Maschine natürlich ganz anders gestalten. Nimm dieses Modell einfach als Anregung. Vielleicht hast du noch weitere lustige Ideen für Hindernisse, die Murmeln und Autos überwinden müssen, bis der Kaugummi in die Schale ploppt?

Kaugummikugeln
Pfeifenputzer
Klemme
Bleistifte und Strohhalme
Korken, Nadeln und Reißzwecken
Dominosteine
Gummiringe
Plastikschlauch
Spraydosendeckel
Spule
Plastiklöffel
Fahne
Plastikbecher
Trichter
Holzbauklötze
Plastikschaufel
Klebeband und Garn
Plastikhacke
runde Schachtel
Rennbahnschiene
leere Küchenrolle
Baukastenzubehör
Spielzeuglastwagen
Holzeisenbahnschiene
kleine Kunststoffbauklötze
große Kunststoffbauklötze
Seilrolle
Haken, Schrauben, Unterlegscheiben
Murmel

Zahnräder

Rampe

Seil-
zug

Wippe

1

Tipp

Damit die Kugel in Bewegung bleibt, braucht deine Kugelbahn folgende Elemente:

- Zahnräder, die ineinandergreifen und durch eine Art Keilriemen, einen Gummi, angetrieben werden.
- Eine Rampe, auf der Autos oder Kugeln hinuntersausen und dabei viel Schwung bekommen.
- Ein Seilzug, also eine sich drehende Rolle, über die ein Seil läuft, mit dem man Lasten hoch- oder runterziehen kann.
- Eine Wippe, die auf einer Seite nach oben geht, wenn du auf der anderen Seite ein Gewicht draufstellst.

Wusstest du schon?

Maschinen wie diese nennt man „Was-passiert-dann-Maschinen". Sie verrichten in vielen Einzelschritten einfachste Dinge, für die man eigentlich keine Maschine braucht, wie etwa ein gekochtes Ei aufschlagen oder eine Kerze löschen. Es geht dabei nicht um einen bestimmten Nutzen, sondern um den Spaß an der Beobachtung.

SCHRITT FÜR SCHRITT

1. Für die Zahnräder (Abb. 1, Seite 120) steckst du Rundhölzer auf die beiden Lochscheiben und je ein langes Rundholz in die mittleren Löcher und bei einer Scheibe in eins der äußeren. Stecke die Zahnräder so in die runde Schachtel, dass die Rundhölzer ineinandergreifen. Das obere Zahnrad mit der einen längeren Speiche schubst das Auto auf der Rampe an (Abb. 2).

2. Das Auto stößt die Murmel an (Abb. 3). Drücke zwei Reißzwecken in das Ende der Rennbahnschiene, damit die Murmel nicht von allein wegrollt.

3. Die Murmel kullert durch ein Loch in einen umgedrehten Pappbecher und rollt weiter durch eine Papprolle, die seitlich in einem Loch im Pappbecher steckt.

4. Am Ende der Rolle fällt die Murmel in einen Spraydosendeckel, der an einem Seilzug hängt. Der Seilzug ist am Griff einer Plastikhacke befestigt. Da die Murmel schwerer als die Unterlegscheibe am anderen Ende des Seils ist, saust der Deckel nach unten auf die Wippe (Abb. 4).

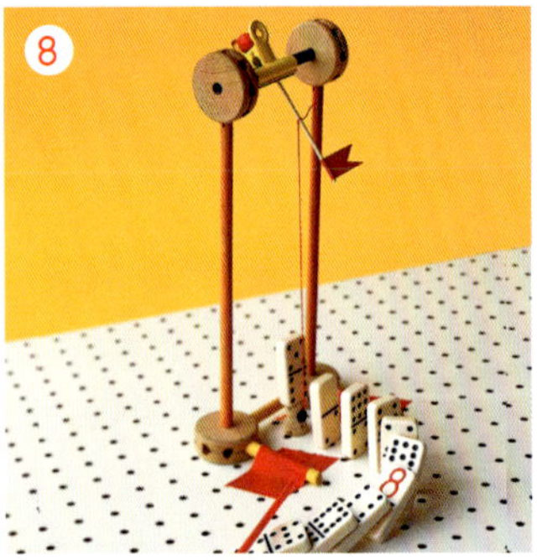

5. Die andere Seite der Wippe geht nach oben. Dabei schiebt sie einen Bleistift nach oben, dessen Ende mit Garn und Reißzwecken mit einem Schaufelgriff verbunden ist (Abb. 5).

6. Der Griff wird nach oben gezogen. Dadurch rollt die Murmel, die auf der Schaufel liegt, durch eine aufgeschnittene Plastikröhre und landet auf der Ladefläche eines Spielzeuglasters (Abb. 6).

7. Der Laster rollt eine Holzeisenbahnschiene hinunter und saust gegen einen Strohhalm, der mit einer Stecknadel auf einem Korken befestigt ist. Der Strohhalm schwingt gegen eine Reihe von Dominosteinen (Abb. 7).

8. Die Dominosteine fallen einer nach dem anderen um. Wenn der letzte fällt, saust ein Korken hoch, der mit einem Faden an einer Fahne befestigt ist. Die Fahne klebt an einer Klemme, in deren Griff die Kaugummikugel liegt (Abb. 8).

Tipps

Damit deine Maschine einwandfrei funktioniert, hier ein paar Tipps:

- Achte darauf, dass Rampen und Rollen immer genügend Gefälle haben, damit Murmeln und Autos Schwung bekommen.
- Befestige alle Teile mit starkem Klebeband an der Bodenplatte. Es kann wie hier ein Lochbrett oder eine normale Holzplatte sein.
- Achte darauf, dass die einzelnen Teile fest miteinander verbunden sind, vor allem an den Übergängen. Befestige die Teile mit Gummibändern, Verschlussdraht oder Pfeifenputzern.

9. Die Klemme neigt sich und die Kaugummikugel rollt durch zwei Trichter in eine kleine Schale (Abb. 9).

3
4
9
5
2
8
6
7
1

HIMMEL UND HÖLLE

Aus buntem Origami-Papier ist dieses Himmel-und-Hölle-Spiel ganz schnell gefaltet. Mach ein „Orakel“ daraus, indem du lustige Zukunftsbotschaften für deine Freunde hineinschreibst.

SO GEHT'S

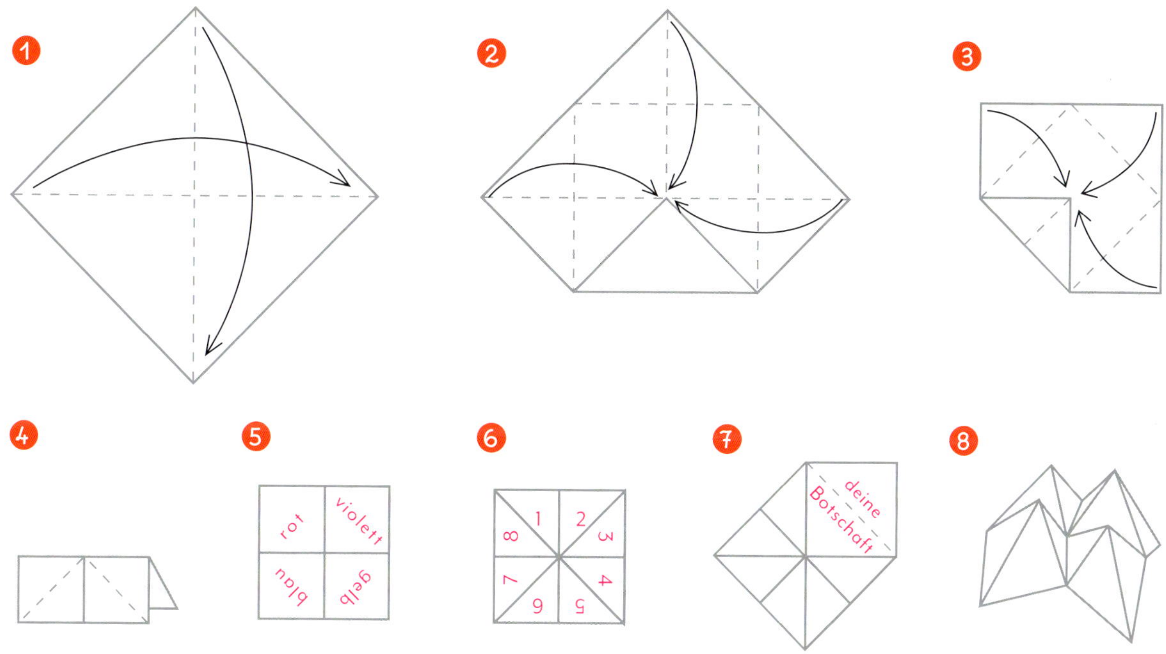

SCHRITT FÜR SCHRITT

1. Falte ein Papierquadrat je einmal diagonal. Öffne das Papier wieder und streiche es glatt.
2. Falte die vier Spitzen zur Mitte, sodass ein kleineres Quadrat entsteht.
3. Wende das Quadrat und falte die vier Spitzen wieder in die Mitte.
4. Falte eine Kante des Quadrats auf die gegenüberliegende Kante. Öffne die Faltung wieder. Falte die beiden anderen Kanten aufeinander. Öffne die Faltung. Schreibe Wörter (z. B. Farben) oder Zahlen auf die vier äußeren Klappen und Zahlen von 1 bis 8 auf die acht Dreiecke innen. Schreibe deine Zukunftsbotschaften unter die Dreiecke.
5. Schiebe Daumen und Zeigefinger beider Hände je unter eine Klappe und öffne das Himmel-und-Hölle-Spiel abwechselnd nach oben und zur Seite.

So spielst du Himmel und Hölle

Schreibe außen auf die vier Klappen je eine Farbe und Zahlen von 1 bis 8 auf die Dreiecke innen. Unter die Dreiecke schreibst du deine Botschaften.

Lass deinen Mitspieler eine der Farben auf den Klappen nennen. Öffne und schließe das Spiel so viele Male, wie das Farbwort Buchstaben hat. Dann lass deinen Mitspieler aus dem geöffneten Himmel-und-Hölle-Spiel eine Zahl auf einem der Dreiecke auswählen. Öffne das Hütchen noch einmal so viele Male, wie die Zahl vorschreibt. Dann zeigt dein Mitspieler auf eins der Dreiecke in dem geöffneten Spiel und du liest die darunter stehende Botschaft vor.

PAPIER-FLUGZEUGE

Papierflieger gibt es in allen möglichen Formen. Manche fliegen wendige Kurven, andere gleiten windschnittig über lange Strecken. Probiere aus, welches Flugzeug die besten Manöver fliegt! Und damit deine Jets immer gut in Form bleiben, steckst du sie während der Flugpausen einfach auf einen aus Draht gebogenen Ständer.

Blauer Pfeil

Dieser Flieger ist sehr wendig und daher ideal für drinnen. Hindernisse umfliegt er spielend.

BLAUER PFEIL – SO GEHT'S

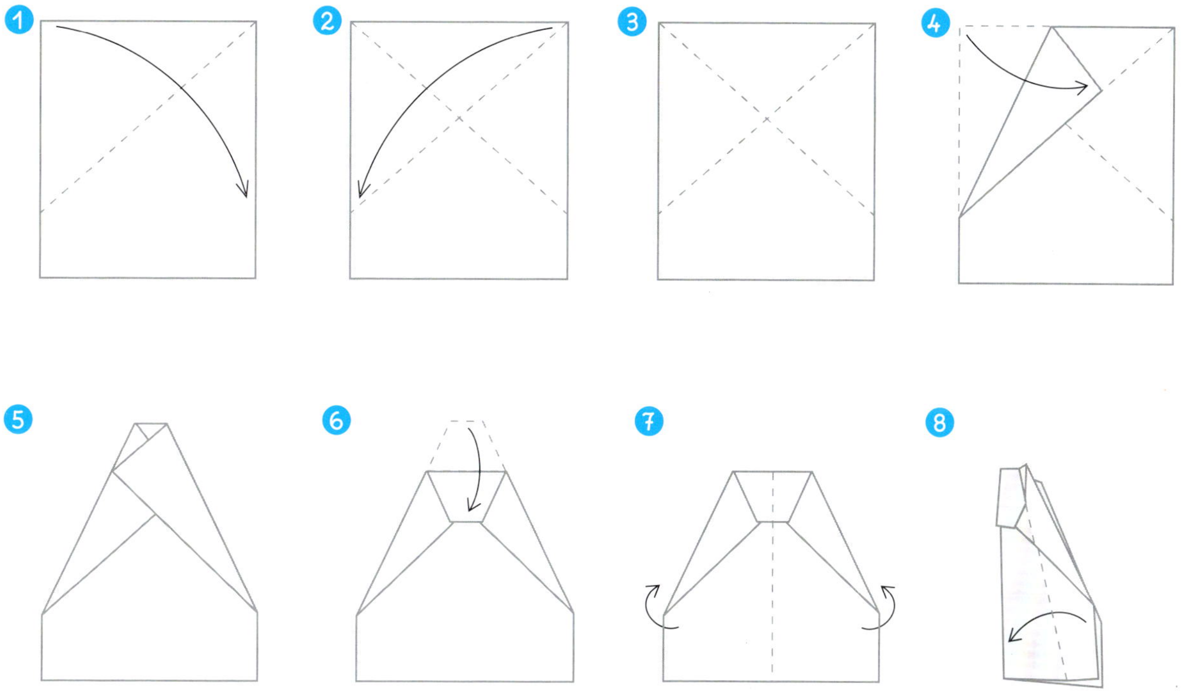

SCHRITT FÜR SCHRITT

1. Lege ein A4-Papier hochkant vor dich hin und falte die linke obere Spitze auf die rechte Kante. Öffne das Papier.
2. Falte die rechte obere Spitze auf die linke Kante.
3. Öffne das Papier und streiche es glatt.
4. Falte die linke obere Spitze auf die diagonale Faltlinie.
5. Falte die rechte obere Spitze auf die andere diagonale Faltlinie.
6. Falte die Spitze nach unten, sodass ihre Spitzen auf die beiden schräg nach innen gefalteten Kanten treffen.
7. Falte das Papier hälftig der Länge nach, sodass die gefaltete Spitze außen ist.
8. Falte für die Flügel die beiden oberen Kanten von außen auf die mittlere Faltlinie.

Tipp

Bastle dein Flugzeug aus farbigem Papier und klebe Streifen aus buntem Klebeband oder Sterne auf die Flügel, so sieht dein Flieger noch echter aus.

Falte die hinteren Flügelkanten etwas nach oben, wenn dein Flugzeug schnell in den Sinkflug geht. Falte die Kanten leicht nach unten, wenn es trudelt.

DÜSENJET – SO GEHT'S

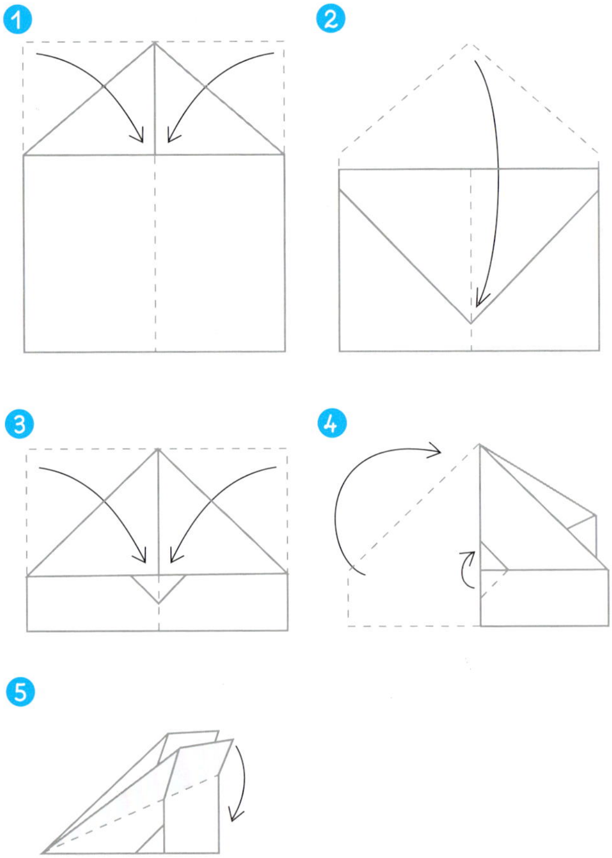

SCHRITT FÜR SCHRITT

1. Lege ein A4-Papier hochkant vor dich. Falte es der Länge nach in der Mitte. Öffne das Papier wieder und streiche es glatt. Falte die oberen Spitzen auf die Faltlinie.
2. Falte die Spitze nach unten, sodass sie ca. 2,5 cm entfernt von der Unterkante auf die Faltlinie trifft.
3. Falte die oberen Spitzen auf die mittlere Faltlinie.
4. Falte die kleine Spitze, die herausschaut, nach oben. Falte das Flugzeug in der Mitte. Die kleine Spitze ist außen.
5. Falte für die Flügel die beiden oberen Kanten nach unten auf die mittlere Faltlinie. Öffne die Flügel etwas, sodass das Flugzeug die Form eines Y bekommt.

Tipp
Biege die Flügel des Düsenjets etwas nach oben, wenn er schnell in den Sinkflug geht.

FLUGZEUG-STÄNDER – SO GEHT'S

SCHRITT FÜR SCHRITT

1. Schneide ein ca. 40 cm langes Stück Draht zu (ø ca. 1 mm). Biege ein Ende kreisförmig um ein Wasserglas (ø ca. 5 cm). Biege das andere Ende gerade nach oben.
2. Biege das Drahtende zweimal um einen Bleistift.
3. Klemme dein Flugzeug mit der mittleren Falte zwischen die beiden Drahtringe und schon schwebt es im Raum!

Tipp

Damit dein Flugzeug das Gleichgewicht hält, musst du vielleicht den Draht etwas nach links oder rechts biegen. Stecke das Flugzeug im hinteren Drittel auf den Draht und biege die Nase etwas nach oben. So sieht es aus, als würde der Jet gerade starten.

PARTY-POMPONS

Diese Pompons verbreiten überall gute Laune. Sie werden aus vielen Lagen Seidenpapier gemacht, das in Streifen geschnitten und um kleine Rundhölzer gewickelt wird. Bastle die Pompons in deinen Lieblingsfarben oder in den Farben deines Lieblingssportteams.

SO GEHT'S

MATERIAL

- Seidenpapier, Farben nach Wunsch
- Rundholz, ø ca. 5 mm, ca. 15 cm lang
- selbstklebendes Vinylband oder Isolierband
- Schere

SCHRITT FÜR SCHRITT

1. Lege vier Bögen Seidenpapier aufeinander. Falte sie der Länge nach zur Hälfte. Schneide die Papierlagen im Abstand von etwa 2,5 cm bis kurz vor die Mittelfalte ein.
2. Wickle das Seidenpapier mit der Mittelfalte fest um ein Ende des Rundholzes. Umklebe die Wicklung und einen Teil des Rundholzes mit Vinylband.
3. Wiederhole Schritt 1 und 2 noch mindestens zweimal, damit dein Pompon schön voll und dicht wird.

STRAND-BRETTSPIELE

Diese Brettspiele passen in jede Strandtasche. Denn das Spielbrett besteht nicht aus festem Holz, sondern aus selbst bedrucktem Stoff. Du kannst damit Schach, Dame oder Tic Tac Toe spielen. Nach dem Spiel rollst du das „Brett“ einfach wieder zusammen und steckst es in deine Tasche.

Spielfiguren Bevor es losgeht, sammelst du die „Spielfiguren“ einfach am Strand auf: Helle und dunkle Steine findest du überall. Du kannst auch verschiedene Muscheln oder Schnecken verwenden.

SO GEHT'S

MATERIAL

- Tischset aus Stoff, Farbe nach Wunsch
- Textilfarbe in Weiß
- Trickmarker
- Lineal
- 2 Radiergummis
- Cuttermesser

SCHRITT FÜR SCHRITT

1. Zeichne mithilfe von Lineal und Trickmarker Linien für ein Schachbrettmuster auf die eine Seite und die Linien für Tic Tac Toe auf die andere Seite des Tischsets.
2. Schneide aus dem Radiergummi mit dem Cuttermesser ein Quadrat zu, das genau so groß ist wie die Quadrate des Schachbrettmusters. Tauche den Radierer in Textilfarbe und bedrucke jedes zweite Kästchen auf dem Tischset (Foto oben links). Drucke mit der schmalen Seite des anderen Radiergummis die Linien für das Tic-Tac-Toe-Spiel auf die Rückseite des Tischsets (siehe Foto oben rechts).

KUGEL-GEDULDSPIELE

Hier sind Geduld und Geschicklichkeit gefragt! Je mehr Kugeln im Spiel sind, desto schwieriger wird dein Spiel. Bastle mehrere Spiele in unterschiedlichen Schwierigkeitsgraden. Wer bugsiert die winzigen Kügelchen am schnellsten in die Mini-Löcher?

SO GEHT'S

MATERIAL

- runde Weißblech-Dose mit Sichtfenster
- dünner Karton
- gemustertes Tonpapier
- Kunststoffperlen in Silber, ø ca. 1,5 mm
- Schere oder Cuttermesser
- Klebestift
- Papierbohrer oder große Lochzange
- Bleistift

SCHRITT FÜR SCHRITT

1. Lege die Sichtfensterdose auf den Karton und das Tonpapier. Umfahre sie auf beiden Materialien einmal mit Bleistift und schneide die Kreise aus.
2. Klebe den Tonpapierkreis auf den Kartonkreis. Jetzt kannst du mit dem Papierbohrer oder mit einer großen Lochzange das Lochmuster in den Kreis stechen. Der Durchmesser der Löcher sollte minimal kleiner als der Durchmesser der Perlen sein.
3. Klebe den gelochten Kreis in die Sichtfensterdose. Gib so viele Perlen dazu, wie du Löcher gestanzt hast. Verschließe die Dose mit dem Deckel.

BINGO!

Ein tolles Spiel, um deine Reaktionsfähigkeit zu trainieren und die Zahlen zu üben. Wer kann als Erster „Bingo!“ rufen?

SO GEHT'S

MATERIAL

- Zahlenaufkleber oder wasserfester Filzstift
- 30 Tischtennisbälle
- 12 x Fotokarton in Weiß und Farben nach Wunsch, A5
- Kreisstanzer, ⌀ 2 cm

Vorlagen Seite 331

SCHRITT FÜR SCHRITT

1. Schreibe oder klebe Zahlen von 1 bis 30 auf die Tischtennisbälle.
2. Für die Karten lädst du die Vorlagen runter und druckst sie auf weißem Karton aus.
3. Stanze mit dem Kreisstanzer aus dem farbigen Fotokarton die Spielchips aus. Pro Spieler brauchst du 20 Stück.
4. Jetzt geht's los. Jeder Spieler bekommt eine Spielkarte mit Zahlen. Ein Spieler zieht nacheinander Bälle mit Zahlen. Wer die gezogene Zahl auf der Karte hat, bedeckt sie mit einem Chip. Wer hat als Erster alle Zahlen mit Spielchips bedeckt?

DOMINO-STEINE

Diese flachen Steine kannst du nicht nur toll übers Wasser hüpfen lassen. Sie eignen sich auch prima zum Domino spielen. Sammle 28 etwa gleich große, flache und ovale Steine in möglichst derselben Farbe. Zeichne zunächst mit weißem Lackmalstift auf jeden Stein eine Linie in die Mitte. Dann malst du die Domino-Punkte auf: auf jeder Seite von null bis sechs, bis du alle Zahlenkombinationen von 0–0 bis 6–6 hast.

Tipp

So spielst du Domino: Lege alle Steine mit dem Gesicht nach unten. Jeder Spieler zieht sieben Steine. Der Spieler, der den Stein mit der höchsten Gesamtaugenzahl hat, beginnt und legt diesen Stein auf das Spielfeld. Die Mitspieler legen nun abwechselnd immer einen Stein so an, dass die Augenzahl angrenzender Steine gleich ist. Wer keinen passenden Stein hat, muss einen ziehen. Wer als Erster keine Steine mehr hat, gewinnt das Spiel.

LANDKARTEN-PUZZLE

Hier kommt das ultimative Puzzle für Erdkunde-Fans. Schneide eine Weltkarte zu Puzzleteilen und setze sie wieder zusammen. Du bestimmst, wie knifflig dein Puzzle wird: Je kleiner die Teile sind, desto mehr kannst du tüfteln!

MATERIAL

- Landkarte
- transparente Klebefolie
- Schere
- Bleistift

SCHRITT FÜR SCHRITT

1. Zeichne mit Bleistift frei Hand Linien auf die Landkarte, um sie in Puzzleteile zu unterteilen.
2. Schneide die Teile aus. Beklebe Vorder- und Rückseite der Puzzleteile mit Klebefolie.
3. Schneide die Folienränder gerade. Lass sie etwa 0,5 cm überstehen.

HÜPFKÄSTCHEN

Draußen regnet es in Strömen? Mit diesen Teppichfliesen holst du dir den Hüpfspaß einfach in dein Zimmer. Schneide Zahlenschablonen zu und male die Zahlen mit Textilfarbe auf Teppichfliesen. Zum Werfen dient ein mit Reis gefülltes Stoffsäckchen.

ELEFANTEN-FÜSSE

Mit diesen Dosen-Stelzen kommt die afrikanische Savanne in die Wohnung. Mach mit einem Dosenöffner in zwei leere stabile Farb- oder Konservendosen je zwei Löcher. Entferne die Etiketten. Male mit rosa und schwarzer Acrylfarbe Zehennägel auf den unteren, geöffneten Dosenrand. Verknote die Enden von einem 1,50 m langen Stück Nylonkordel in den Löchern jeder Dose. Steig auf die Stelzen und schon trampelst du als Elefant durchs Wohnzimmer.

STOFFPÜPPCHEN

Diese hübschen Stoffpüppchen aus kariertem Stoff muss man einfach lieb haben! Mit ein wenig Geschick hast du sie schnell genäht (siehe dazu auch Seite 144/145). Kleinere Puppenmamis lassen sich einfach von einem Erwachsenen helfen. Gestalte Haare und Gesichter deiner Puppenfamilie ganz nach deinen Wünschen. Und wenn du Lust hast, nähst du den Püppchen noch ein paar einfache Kleidungsstücke.

SO GEHT'S

MATERIAL

- Baumwollstoff kariert, Farbe nach Wunsch, 40 cm x 35 cm (für eine große Puppe)
- Stickgarn in Schwarz und Rot (für das Gesicht)
- Wollreste oder Stickgarn in Braun, Schwarz, Rot oder Gelb (für die Haare)
- Füllwatte
- Stoffmarker
- Kochlöffel
- Nähmaschine
- Nähnadel und Garn
- Stecknadeln
- Schere

Vorlagen Seite 332

SCHRITT FÜR SCHRITT

1. Vergrößere die Vorlage für deine Puppe und schneide sie aus. Du kannst auch eine Puppe frei Hand zeichnen und deine Zeichnung als Vorlage benutzen. Falte den Stoff in der Mitte mit den schönen Seiten innen. Stecke die Vorlage auf den Stoff und schneide Vorder- und Rückteil aus.
2. Nähe Vorder- und Rückteil mit der Nähmaschine füßchenbreit zusammen. Lass eine 3 cm lange Öffnung zum Wenden.
3. Wende die Puppe und stopfe sie mit Füllwatte aus. Nimm immer nur wenig Watte auf einmal. Mit einem Kochlöffelstiel kannst du Ecken herausdrücken und Füllwatte hineinschieben. Nähe die Wendeöffnung mit der Hand zu.
4. Nähe Augen und Mund mit Stickgarn auf.
5. Jetzt kommen die Haare dran. Schneide für lange Haare oder Zöpfe je nach Wollstärke 30 oder mehr ca. 20 cm lange Fäden zurecht. Lege sie seitlich über den Puppenkopf und nähe sie am „Scheitel" an. Soll deine Puppe offene Haare haben, nähst du sie am Hinterkopf ein wenig an, damit sie geráde nach unten fallen. Für Zöpfe teilst du die Haare und bindest sie an den Seiten mit je einem Faden zusammen. Nähe die Zöpfe an den Seiten an den Kopf an. Du kannst die Zöpfe nun auch noch flechten. Kurze Haare stickst du mit Rückstichen auf den Kopf auf.

NÄHTECHNIKEN – GRUNDLAGEN

Für die Nähprojekte in diesem Buch brauchst du einige Nähtechniken und Stiche, die dir hier erklärt werden. Näheinsteiger üben am besten mit einer Nadel mit großem Nadelöhr und einigen Stickgarnresten.

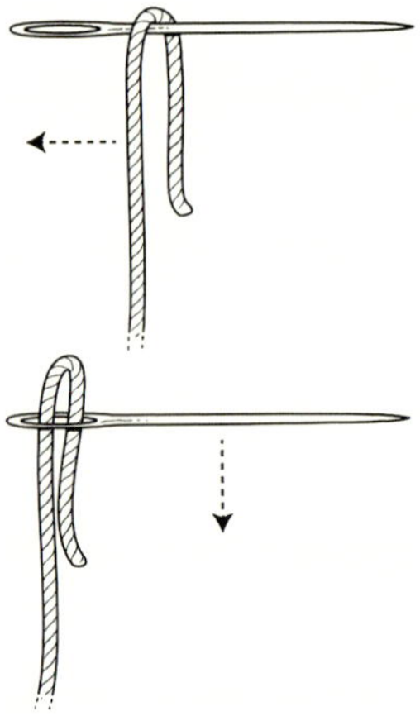

Faden einfädeln

Schneide einen 60 cm langen Faden ab. Lege ein Fadenende um die Nadel und halte die Enden mit Daumen und Zeigefinger fest. Ziehe die Nadel nach oben, damit die Schlaufe spitz wird. Schiebe die spitze Schlaufe von der Nadel und fädle sie durch das Nadelöhr. Ziehe den Faden durch, lass ihn auf beiden Seiten gleich lang hängen und verknote die Enden doppelt.

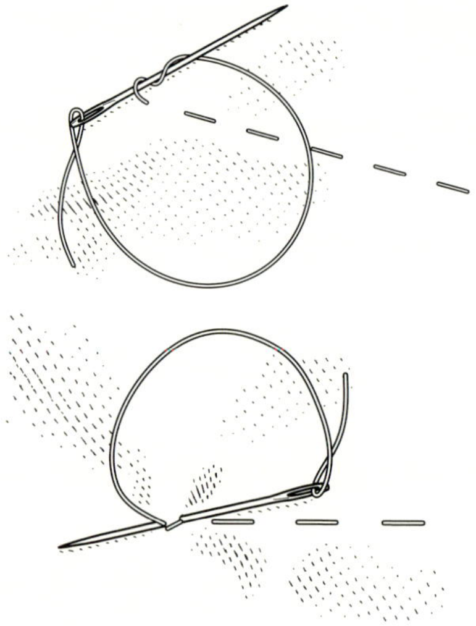

Naht sichern

Anfang und Ende einer Naht musst du sichern, damit die Naht nicht wieder aufgeht. Stich mit der Nadel auf die Rückseite des Stoffs ein. Mach drei kleine Stiche an dieselbe Stelle. Bevor du beim letzten Stich den Faden lang ziehst, stichst du mit der Nadel in die Fadenschlaufe. Ziehe den Faden dann lang und schneide die Enden ab.

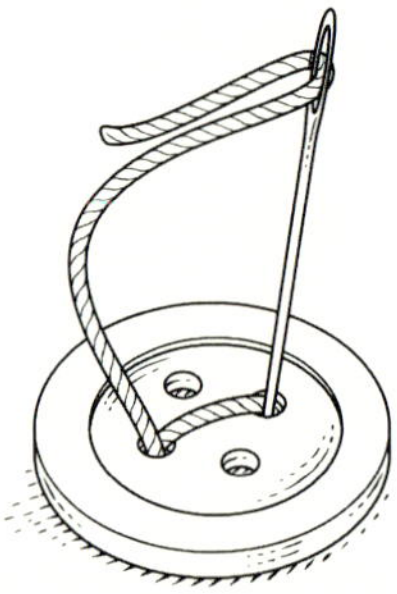

Knopf annähen

Stich mit der Nadel von hinten durch den Stoff und durch eins der Löcher im Knopf. Dann führst du die Nadel von vorn durch das zweite Knopfloch und wieder durch den Stoff auf die Rückseite deiner Arbeit. Wiederhole diese Schritte dreimal. Hat der Knopf vier Löcher, wiederholst du den Vorgang bei den beiden anderen Löchern. Nach dem letzten Schritt befindet sich die Nadel auf der Rückseite. Stich durch den Stoff, aber nicht durch den Knopf, und wickle den Faden dicht am Stoff ca. dreimal um den Knopf. Stich wieder auf die Rückseite der Arbeit und verknote die Fadenenden.

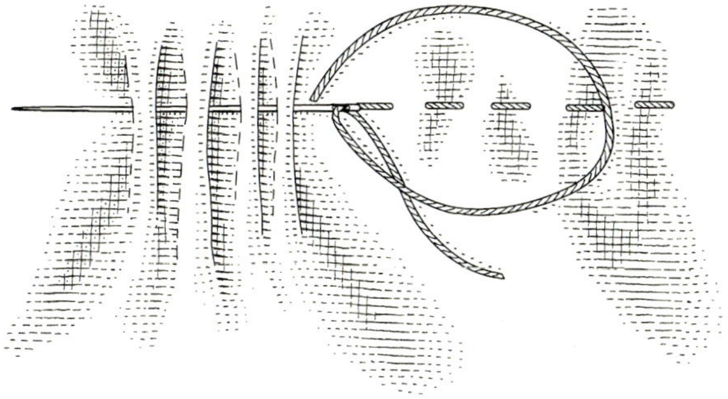

Vor- oder Heftstich

Stich mit der Nadel von hinten durch den Stoff. Ziehe den Faden lang und stich etwa 1 cm von der Ausstichstelle entfernt von vorn in den Stoff. Ziehe den Faden wieder lang und stich wiederum 1 cm von der Ausstichstelle hinten entfernt in den Stoff und ziehe den Faden nach vorn. Wiederhole diese Schritte fortlaufend. Am Ende der Naht stichst du nach hinten und verknotest die Fadenenden.

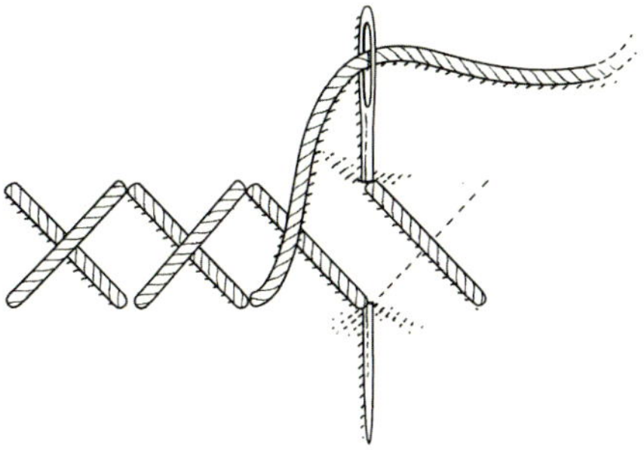

Kreuzstich

Nähe eine Reihe paralleler, diagonaler Heftstiche in gleichmäßigen Abständen. Nähe die Reihe diagonal über die ersten Stiche zurück, sodass Kreuze entstehen. Stich immer in die Ein- und Ausstichstellen der ersten Reihe, damit die Kreuzreihe dicht wird.

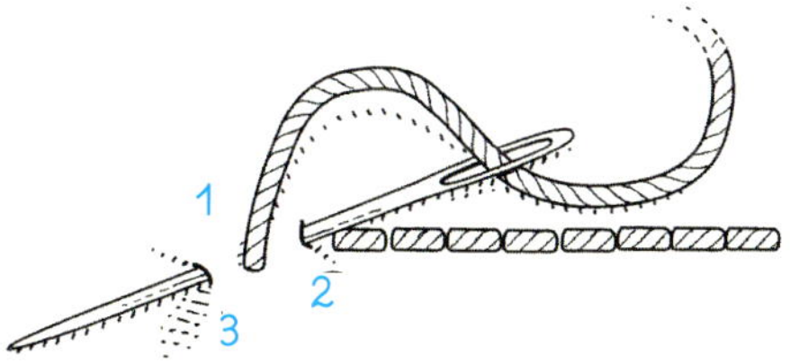

Rück- oder Steppstich

Stich die Nadel von hinten durch den Stoff und ziehe den Faden lang. Stich nun wenige Millimeter hinter der Ausstichstelle (1) in den Stoff (2) und von hinten wieder wenige Millimeter vor der Ausstichstelle heraus (3). Ziehe den Faden lang. Stich anschließend wieder hinter der Ausstichstelle ein und von hinten vor der Ausstichstelle heraus. Wiederhole die Schritte fortlaufend. Am Ende der Naht stichst du mit der Nadel auf die Rückseite deiner Arbeit und verknotest das Fadenende.

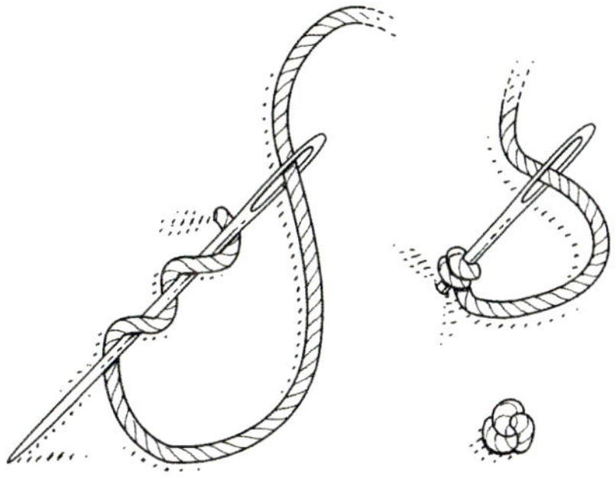

Knötchenstich

Stich die Nadel von hinten durch den Stoff. Ziehe den Faden lang und halte ihn gespannt. Dann wickelst du den gespannten Faden zweimal um die Nadel. Stich die Nadel möglichst nah an der Ausstichstelle in den Stoff. Bevor du die Nadel durch den Stoff schiebst, ziehe noch mal am Faden, damit der Knoten eng am Stoff anliegt. Halte den Faden gespannt, während du die Nadel durch den Stoff schiebst und den Faden lang ziehst. Erst wenn die Fadenschlaufe ca. 3–4 cm lang ist, lässt du den Faden los und ziehst den Knoten fest.

FAMILIE MAISBLATT

So haben vielleicht die Spielzeug-Püppchen unserer Urahnen in grauer Vorzeit ausgesehen. Sie werden aus Maisblättern gefaltet und mit etwas Garn zusammengebunden. Kleider aus Filz und Haare aus Raffia-Band machen Familie Maisblatt ausgehfein.

SO GEHT'S

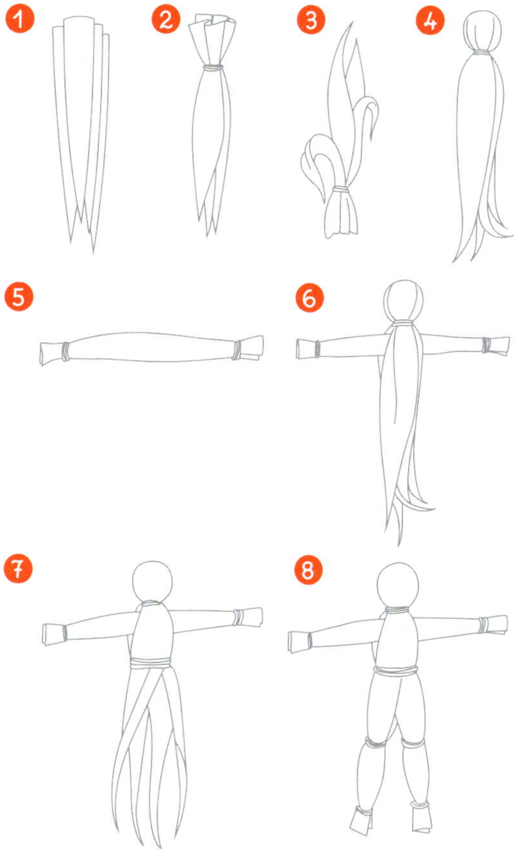

MATERIAL

- 4–6 getrocknete Maisblätter (für eine Puppe)
- Raffia-Band
- Filz
- Küchentücher
- Nähgarn
- Schere
- Textilkleber

SCHRITT FÜR SCHRITT

1. Weiche die Maisblätter zehn Minuten in Wasser ein. Tupfe sie trocken. Fasse vier oder sechs Blätter zusammen (immer eine gerade Anzahl).
2. Binde die Blätter 2–3 cm von oben mit Garn zusammen.
3. Teile die Blätter in zwei gleiche Teile und falte sie über das kurze Ende.
4. Binde mit Garn den Kopf ab.
5. Rolle ein Maisblatt zu Armen und binde die Enden ab.
6. Teile die Körperblätter in zwei gleiche Teile und schiebe die Arme dicht unter dem Kopf hinein.
7. Binde unter den Armen die Hüfte ab. Schneide bei den weiblichen Puppen die Blätter auf gleiche Länge.
8. Bei den männlichen Puppen teilst du die Blätter in zwei gleiche Teile und bindest die Beine an Knien und Füßen ab.

Tipp

Für die Kleider schneidest du Filzrechtecke zu. Schneide in ein oder zwei Schlitze in die Mitte und ziehe den Puppen die Kleidung so über den Kopf. Aus schmalen Filzstreifen werden Gürtel. Klebe Raffia-Bänder als Haare an. Schneide Knöpfe und Hüte aus Filz zu und klebe sie an.

MARKTSTAND UND THEATER

Dieser Marktstand ist etwas ganz Besonderes. Aus ein paar einfachen Nachttischen zusammengebaut, bietet er genug Platz für Körbe voll mit Obst und Gemüse und anderen Leckereien. Nach Ladenschluss verwandelt sich ein Teil des Stands blitzschnell in ein Puppentheater (siehe Seite 150).

MARKTSTAND – SO GEHT'S

MATERIAL

- 3 kleine Nachttische aus Holz zum Selbstaufbauen, ca. 52 cm x 30 cm x 40 cm
- Schraubhaken
- Besteckkasten aus Holz
- 5 Holzlatten, ca. 3–4 cm breit, 2 x 1,20 m lang, 1 x 53 cm lang, 2 x 30 cm lang
- Holzschrauben
- kleine Nägel
- Hammer
- Tacky-Tape oder doppelseitiges Klebeband
- 2 Rundstäbe, ø 0,8 cm, ca. 53 cm lang
- fester Baumwollstoff, ca. 53 cm x 46 cm
- 2 Flachverbinder
- evtl. 2 Winkelverbinder

SCHRITT FÜR SCHRITT

1. Baue einen Nachttisch nach Herstelleranleitung zusammen.
2. Für die Markise schraubst du an eine 1,20 m lange Holzlatte etwa 12 cm von einem Lattenende entfernt im rechten Winkel eine 30 cm lange Latte an. Schraube das so entstandene Kreuz an eine Nachttischseite an. Baue das gleiche Kreuz für die andere Seite und schraube es fest. Verbinde die oberen Kreuzenden mit einer 53 cm langen Holzlatte. Nagle sie fest.
3. Klebe Tacky-Tape auf die beiden langen Kanten des Stoffstücks. Klebe die Stoffkanten um die Rundstäbe. Hänge die Markise über den Rahmen. Schraube an eine Seite des Nachttischs zwei Schraubhaken an und hänge den Besteckkasten daran.
4. Baue die beiden anderen Nachttische zusammen. Stelle sie aufeinander und verbinde sie an beiden Seiten mit zwei Flachverbindern. Zur Sicherheit kannst du das Regal noch mit Winkeln an der Wand befestigen, damit es nicht kippt.

Vorhang auf!

Wenn dein Marktstand geschlossen hat, ist es Zeit für eine Theatervorstellung. Das Regal des Marktstands verwandelt sich im Handumdrehen in eine Puppenbühne. Die Klemmstange mit dem Vorhang wird eingespannt, die Kulisse mit Klettband angebracht und die Tafel mit der Uhrzeit für die nächste Vorstellung an einem Haken eingehängt – und dann heißt es: Bühne frei!

PUPPENTHEATER – SO GEHT'S

MATERIAL

- 2 kleine Nachttische aus Holz zum Selbstaufbauen, ca. 52 cm x 30 cm x 40 cm
- 2 Geschirrhandtücher
- Bügelband
- Bügeleisen
- Klemm- oder Spannstange, 50 cm lang
- selbstklebendes Klettband
- Filz in Blau, 1 m x 1 m, und in Grün, 1 m x 1 m
- Bilderrahmen aus Holz, 52 cm x 52 cm
- Tafelfarbe und Pinsel
- Schraubhaken
- Holzschrauben
- 2 Flachverbinder

SCHRITT FÜR SCHRITT

1. Baue die Nachttische zusammen, stelle sie aufeinander und schraube sie mit Flachverbindern aneinander.

2. Schlage je eine kurze Seite der Geschirrhandtücher ca. 2,5 cm um. Bügle den Umschlag mit Bügelband fest. Schiebe die Klemmstange durch die beiden Tunnel und befestige sie an einem Nachttisch.

3. Schneide ein Stück blauen Filz in der Größe der Öffnung des Nachttischs zu. Zeichne eine Landschaft auf den grünen Filz und schneide sie aus. Bügle sie mit Bügelband auf den blauen Filz. Klebe den selbstklebenden Teil des Klettbands auf die Rückseite des Nachttischs. Bügle den anderen Teil des Klettbands mit Bügelband auf die Vorderseite des blauen Filzes. Klette den Hintergrund an die Rückseite des Nachttischs.

4. Entferne die Glasscheibe des Bilderrahmens. Streiche die Rahmen-Rückwand mit Tafelfarbe an. Schraube einen Haken auf die Unterseite des mittleren Regalbretts und hänge den Rahmen auf.

BLECHDOSEN-VIECHER

Weißt du, wie man leere Blechdosen zum Leben erweckt? Ganz einfach: Bau dir listige Tiere daraus! Alles, was du für deine metallischen Freunde brauchst, findest du im Recyclingbehälter. Schrauben, Muttern, Unterlegscheiben, Magnete und Klemmen gibt es in jedem Baumarkt.

Braver Hund

Dieses Schoßhündchen ist so gut erzogen, dass du ohne Leine mit ihm spazieren gehen kannst. Lass die geschlossenen Dosenenden nach vorn zeigen. So sind die Flügelmuttern, die die Ohren halten, gut versteckt.

Tipps

- Schleife die scharfen Metallkanten nach dem Dosenöffnen oder Bohren mit Schmirgelpapier ab, damit du dich nicht verletzt.
- Markiere Bohrlöcher mit einem wasserfesten Filzstift.
- Lass dir beim Bohren immer von einem Erwachsenen helfen.
- Verwende einen Bohraufsatz und Schrauben mit 5 mm Durchmesser.

SO GEHT'S

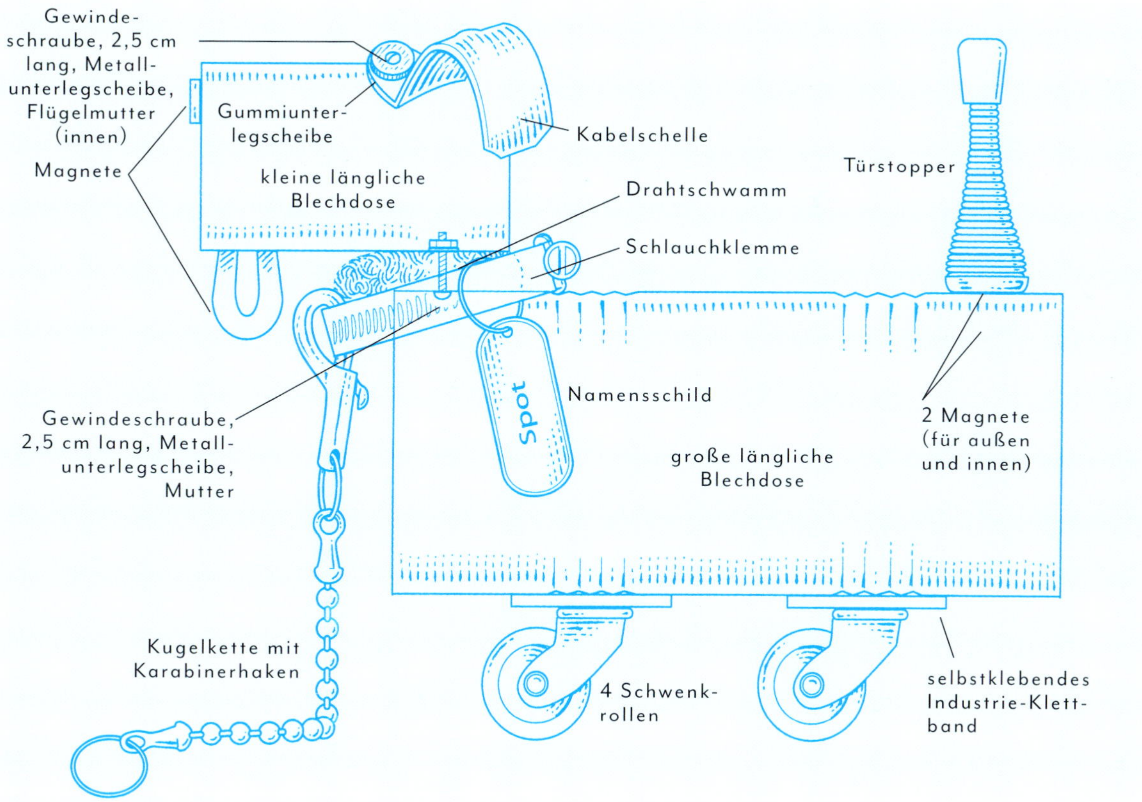

Hund

1. Befestige die vier Schwenkrollen als Beine mit Klettband an der großen Dose.

2. Bohre für die Ohren im Abstand von 3–4 cm zwei Löcher in das hintere Drittel der kleinen Dose. Schmirgle die Kanten ab. Befestige in jedem Loch eine Kabelschelle mit einer Schraube (2,5 cm) und einer Metallunterlegscheibe außen sowie einer Flügelmutter innen. Die Schraube ist das Auge. Gib dem Hund mit einer schwarzen Gummiunterlegscheibe einen „Augenfleck".

3. Bohre in die große Dose etwa 2 cm von der geschlossenen Seite entfernt ein Loch und in die kleine Dose ein Loch gegenüber der Augen, etwa 2,5 cm von der Öffnung entfernt. Hänge ein Namensschild in die Schlauchklemme und drücke einen Drahtschwamm in den Ring. Das wird der Hals. Stecke nun eine Schraube von der Innenseite der großen Dose durch den Drahtschwamm in das Loch in der kleinen Dose. Schraube die Mutter auf. Hänge die Kugelkette als Leine an.

4. Befestige den Türstopper mit zwei Magneten (einer innen, einer außen) am Hinterteil als Schwanz. Befestige am Kopf einen kleinen runden Magneten als Nase und einen roten Hufeisenmagneten als Zunge.

Schmusekatze
Dieser Stubentiger ist sehr robust und auch beim Futter überhaupt nicht anspruchsvoll. Er nimmt sogar mit Metallschrott Vorlieb!

BLECHDOSEN-VIECHER – SO GEHT'S

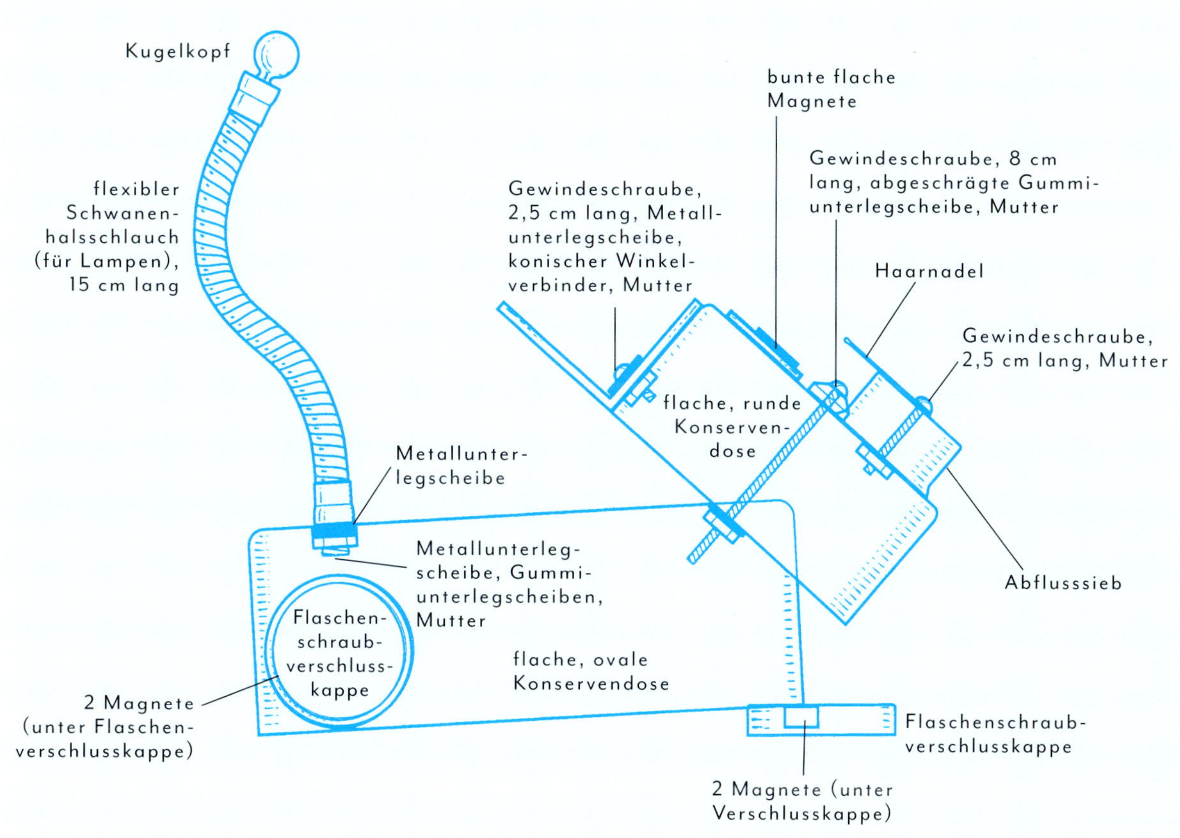

Katze

1. Bohre in die Seite der runden Dose zwei Löcher im Abstand von 5 cm. Bringe die Winkel als Ohren an: Stecke die Schraube mit Unterlegscheibe von außen durch Winkel und Dose und schraube innen die Mutter auf. Bohre in die Dosenunterseite zwei Löcher und befestige die Abflusssiebe mit Schrauben und Muttern als Mund. Klemme je eine Haarnadel als Barthaare ein.
2. Bohre über den Abflusssieben ein Loch in die Dosenunterseite. Bohre ein weiteres Loch an ein Ende der ovalen Dose. Befestige den Kopf schräg mit einer Gewindeschraube am Körper (siehe Zeichnung).
3. Bohre am anderen Ende der ovalen Dose ein Loch für den Schwanz. Stecke den Kugelkopf auf den biegsamen Schlauch. Stecke das andere Schlauchende durch eine Metallunterlegscheibe und das Loch im Körper. Von innen steckst du eine Gummi- und eine Metallscheibe auf und schraubst die Mutter auf.
4. Als Pfoten bringst du vier Flaschenschraubverschlüsse wie auf dem Foto mit Magneten an. Als Augen dienen je zwei runde flache Magnete in verschiedenen Farben.

Hungrige Maus *Piep, piep!*

Die freundliche Tee-Ei-Maus hat es sich auf dem leckeren Blechdosen-Käse gemütlich gemacht. Dieses Dosen-Tier kommt ohne Bohren aus. Auch kleine Bastler werden daher ihren Spaß damit haben.

BLECHDOSEN-VIECHER – SO GEHT'S

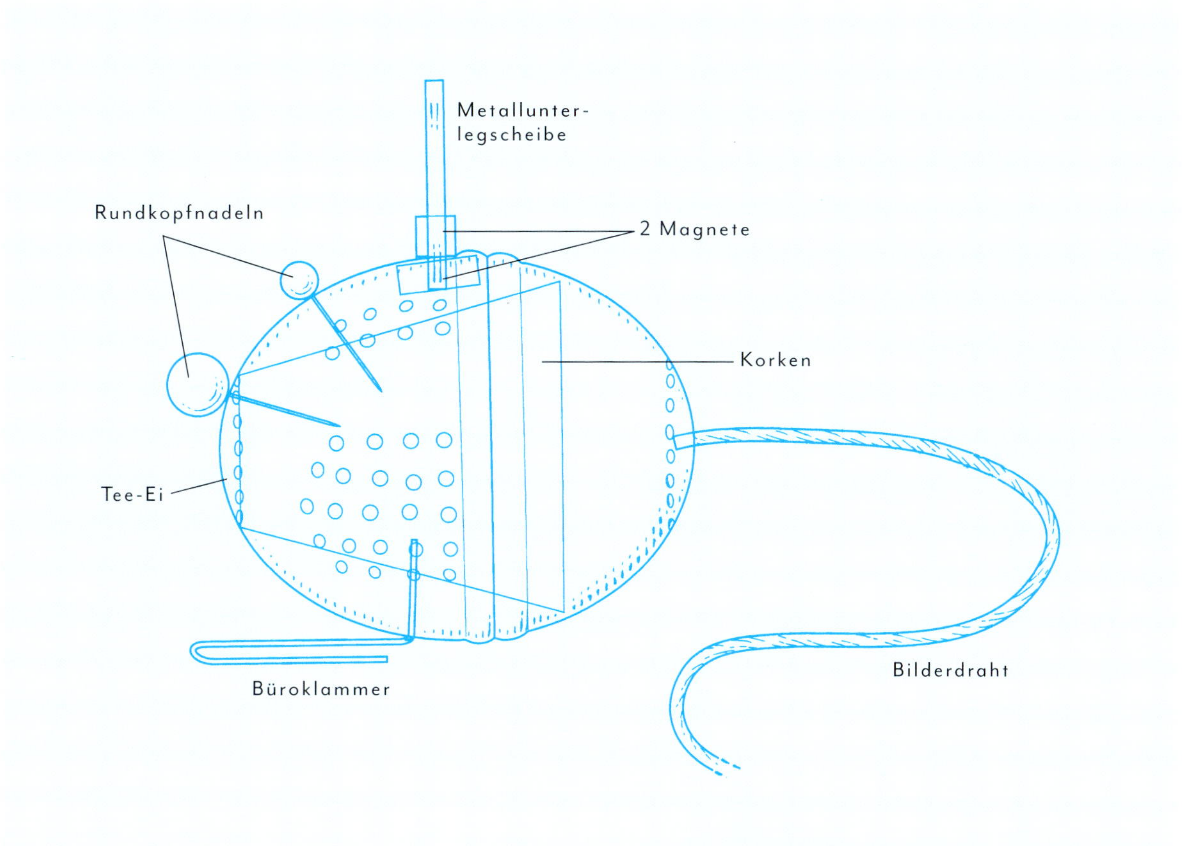

Maus

1. Verknote ein Ende des Bilderdrahts und ziehe das andere Ende als Schwanz von innen durch ein Loch im Tee-Ei.

2. Stecke einen kegelförmigen Korken in die andere Hälfte des Tee-Eis. Stecke zwei kleine Rundkopfnadeln als Augen in den Kopf und eine etwas größere als Nase.

3. Befestige die beiden Unterlegscheiben senkrecht mit Magneten (je einer innen, einer außen dazwischen) als Ohren am Kopf der Maus. Schließe das Tee-Ei. Biege ein Ende der Büroklammern nach oben. Stecke die Klammern als Füße in den Korken.

4

Dein eigenes Design

Für alle Mode- und Trendbewussten: Hier kommt ein Schwung Tipps, wie Kleidung, Schuhe, Schmuck oder Accessoires zu Unikaten werden. Gestalte deine Lieblingsstücke einfach selbst!

KUNTERBUNTE REGENSCHIRME

Graue Regentage werden jetzt bunt! Bemale deinen einfarbigen Regenschirm nach Lust und Laune mit bunten Punkten, Sternen, Kringeln, Zahlen, Buchstaben. Du bestimmst, was dir gefällt! Wetten, du wirst den nächsten Schauer kaum erwarten können?

SO GEHT'S

Tipp

Beachte die Herstelleranleitung der Farben, die du verwendest. Manche Farben müssen zum Schluss fixiert werden, damit sie wasserfest sind. Das kann mit einem Fixiermittel oder durch Bügeln geschehen. Achte beim Bügeln auf eine niedrige Temperatur und probiere erst an einer kleinen Stelle, ob sich das Nylon bügeln lässt. Lege ein Bügeltuch unter.

MATERIAL

- Regenschirm aus Nylon
- Zeitungspapier
- Malerkittel
- Pinsel
- Textilfarbe oder Acrylfarbe
- Trickmarker

SCHRITT FÜR SCHRITT

1. Bedecke die Arbeitsfläche mit Zeitungspapier und zieh dir am besten einen Malerkittel an.
2. Spanne den Schirm auf und male dein Muster mit Textilfarbe auf. Du kannst es mit Trickmarker vorzeichnen, wenn du möchtest. Wenn du fertig bist, lass den Schirm über Nacht zum Trocknen aufgespannt.

DESIGNER-RUCKSACK

Diesen Rucksack wirst du in der Schule sicher nicht mehr verlieren! Bring deine Initialen in Lieblingsfarben auf und dein Rucksack verwandelt sich im Nu in ein Designerstück! Deine Freunde werden dich um dieses Unikat beneiden!

SO GEHT'S

MATERIAL

- Rucksack
- Buchstaben-schablonen
- Kreppband
- Textilfarbe nach Wunsch
- Pappteller
- Schablonier-schwamm

SCHRITT FÜR SCHRITT

1. Öffne den Rucksack und lege die zu bedruckende Fläche auf die Arbeitsfläche. Klebe die Schablonen mit Kreppband auf.
2. Gib etwas Textilfarbe auf den Pappteller. Tauche den Schablonierschwamm hinein und streiche überschüssige Farbe ab. Tupfe vorsichtig die Farbe auf die Schablonen.
3. Lass die Farbe gut trocknen. Entferne die Schablonen. Beachte die Herstelleranleitung der Farbe. Eventuell musst du die Farbe noch fixieren.

REISSFESTE ACCESSOIRES

Gewebeband ist das perfekte Material für deine Accessoires. Es ist reißfest, abwaschbar und dazu noch schön bunt. Klebst du bunte Gewebeband-Streifen mit den Klebeseiten aneinander, entsteht eine Art „Stoff", aus dem du allerlei nützliche Dinge basteln kannst. Wie wäre es z.B. mit einem Geldbeutel, Schlüsselanhänger oder einer Hülle für deinen MP3-Player?

Ruck, zuck

Ganz gleich, ob du einen Geldbeutel, ein Mäppchen oder ein Schlüsselanhänger-Mäppchen brauchst – aus bunten Gewebeband-Streifen ist alles ganz fix zusammengeklebt.

SO GEHT'S

MATERIAL

- reißfestes Gewebeband (Panzerband, Duct® Tape), Farben nach Wunsch
- Schere
- Zickzackschere
- selbstklebendes Klettband
- Lochzange
- Schlüsselring

SCHRITT FÜR SCHRITT

1. Klebe zunächst das Gewebeband zu einem Stück „Stoff" zusammen. Schneide dazu Streifen in der gewünschten Länge zu. Klebe die Streifen mit den Klebeseiten so aufeinander, dass sie sich immer nur zur Hälfte überlappen. Klebe den nächsten Streifen auf die freie Klebefläche des vorigen Streifens. Wiederhole die Schritte, bis dein Gewebeband-Stoff die gewünschte Größe hat. Schlage die überstehenden Klebestreifen einfach um.

2. Schneide die Ränder mit der Schere schön glatt. Mit einer Zickzackschere kannst du die Kanten verzieren. Klebe andersfarbige Streifen auf oder knipse mit der Lochzange Löcher in das Gewebe.

3. Falte den Gewebeband-Stoff nach Wunsch zu einem Portemonnaie, Schlüsselanhänger oder in eine andere Form. Verbinde die Kanten mit Klebebandstreifen. Klebe Klettband als Schließe auf. Stanze in den Schlüsselanhänger ein Loch für den Schlüsselring.

TASCHENTUCH-ETUI

Mit diesen Filz-Etuis sind deine Taschentücher hübsch verpackt und immer griffbereit. Das von Hand auf ein Filzherz gestickte Monogramm macht die flauschige Verpackung zu einem tollen Geschenk für Eltern, Geschwister oder Freunde.

Hübsch verpackt

Schneide mit der Zickzackschere ein Stück Filz (16 cm x 12 cm) zu. Die kurzen Seiten zur Mitte klappen, die Kanten mit Heftstichen abnähen. Monogramm auf das Herz sticken und mit Textilkleber aufkleben.

FILZ-ETUIS

Diese trendigen Filzhüllen verwandeln deine Schulaccessoires in echte Hingucker. Deine Buntstifte ziehen in ein kuscheliges Mäppchen ein, dein Hausaufgabenheft macht es sich in einem weichen Filzumschlag bequem. Zu den Nähtechniken siehe Seite 144.

MATERIAL

- Filz, Farbe nach Wunsch
- Schere, Zickzackschere
- Nadel
- Stickgarn
- runder Knopf, ø ca. 1,5 cm
- Herzknopf, ø ca. 1,5 cm
- Notizbuch, A6

Mäppchen

1. Schneide ein Filzrechteck (7 cm x 45 cm) zu. Klappe die lange Seite 15 cm um.
2. Nähe die Kanten mit Heftstichen zusammen.
3. Nähe auf die Vorderseite einen Knopf auf. Klappe die Lasche zu und schneide an der passenden Stelle ein Knopfloch hinein.

Notizbuchhülle

1. Schneide mit der Zickzackschere ein 16,5 cm x 31 cm großes Rechteck zu. Lege das Buch geöffnet mittig auf den Filz. Klappe den Filz um die Buchdeckel.
2. Nähe die Kanten mit Heftstich zusammen.
3. Nähe den Herzknopf und eine Garnschlaufe als Verschluss an.

SCHNELLE TÄSCHCHEN

Diese Täschchen sind so leicht und schnell genäht, dass du gleich mehrere zum Verschenken machen kannst. Filz eignet sich dafür am besten, denn die Kanten fransen nicht aus und müssen daher nicht versäubert werden.

SO GEHT'S

MATERIAL

- Filz, Farben nach Wunsch
- Zickzackschere
- Schere
- Nadel und Garn
- Textilkleber
- Wollrest
- Knopf

SCHRITT FÜR SCHRITT

1. Schneide für das Täschchen mit Lasche (Foto oben rechts) ein langes Filzrechteck mit der Zickzackschere zu. Für das Täschchen ohne Lasche (Fotos oben links und unten links) schneidest du je zwei gleich große Filzrechtecke zu.
2. Schneide Kreise, Blumen oder Kirschen als Verzierung zurecht und klebe oder nähe sie auf. Flechte einen Tragegriff aus Wolle und nähe ihn an.
3. Nähe die Seiten – und bei dem Täschchen ohne Lasche auch den Boden – mit Heftstichen zusammen. Bei dem Täschchen mit Lasche lässt du ein Drittel des Filzes überstehen. Klappe die überstehende Lasche um und nähe einen Knopf als Verzierung auf.

GEFILZTE TASCHE

Aus selbst gemachtem Filz lassen sich schöne Accessoires basteln, wie z. B. diese farbenfrohen Täschchen. Du brauchst nur etwas Wolle und Seifenwasser und schon kann's losgehen.

Wusstest du schon?

Es ist ganz einfach, Filz selber herzustellen und funktioniert ohne Webstuhl. Du brauchst nur heißes Seifenwasser und ein bisschen Wolle. Beim Filzen wird feuchte Wolle so lange gewalkt, also gerieben und gedrückt, bis die Fasern verfilzen, d.h., sie verbinden sich zu einem festen Material. Auch bei den Fingerpüppchen auf Seite 36 wird diese Technik angewendet. Filz lässt sich prima verarbeiten, da die Ränder nicht ausfransen.

YLAND

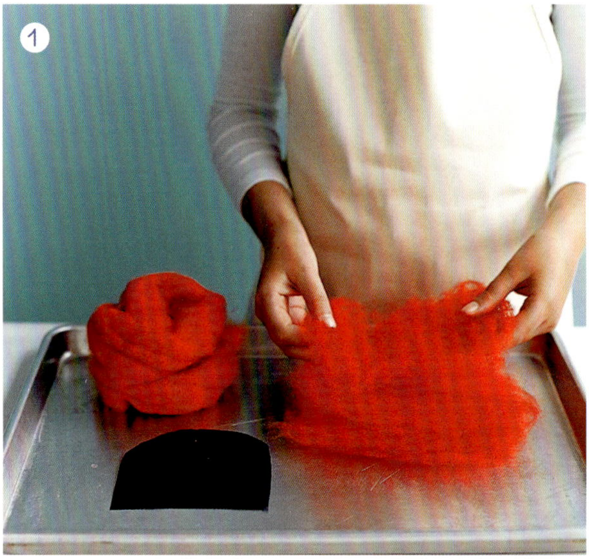
1

2

3

4

5

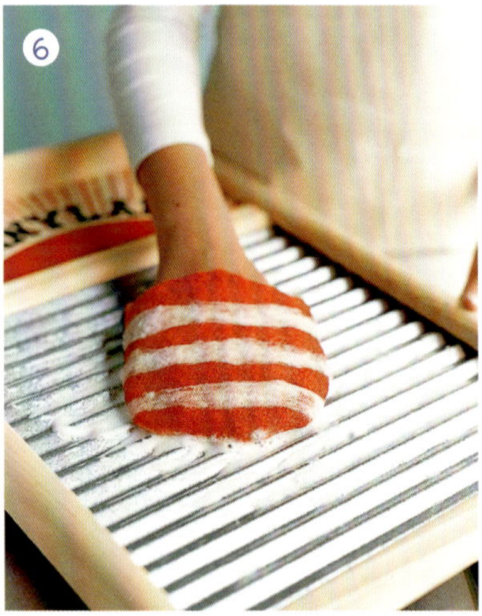
6

7

GEFILZTE TASCHE – SO GEHT'S

MATERIAL

- Filzwolle, Farbe nach Wunsch
- Flüssigseife
- Bambusmatte (Sushimatte)
- Plastikmüllbeutel
- Schere
- Backblech mit Rand
- Messbecher
- Schwamm
- Waschbrett
- Gummiringe
- Nadel und Garn

SCHRITT FÜR SCHRITT

1. Schneide aus dem Müllbeutel eine Vorlage in der Größe und Form deiner Tasche zu. Reiße dünne Wollstränge ab, die etwa 4 cm länger sind als deine Tasche breit bzw. lang ist. Lege die Wollstränge in drei Schichten längs und quer übereinander auf das Backblech. Die Schichten sollten etwa 0,5 cm dick sein, wenn du sie mit dem Finger zusammendrückst.

2. Lege deine Vorlage auf die Wolle. Fülle heißes Wasser und Seife in den Messbecher. Jetzt fängst du an zu filzen: Gib etwas Seifenwasser unter die Vorlage, nicht auf die Ränder. Lege die Vorlage auf die Wolle und drücke mit den Fingern beider Hände abwechselnd etwa zehn Minuten lang darauf. Achte darauf, dass du auf alle Stellen gleichmäßig drückst. Überschüssiges Wasser kannst du mit einem Schwamm aufsaugen.

3. Für den Saum an der Öffnung der Tasche schlägst du die oben überstehenden Wollschichten unter die Vorlage und filzt weiter. Schlage dann die anderen Ränder auf die Vorlage und filze auch sie für etwa zwei bis drei Minuten.

4. Wiederhole für das zweite Taschenteil Schritt 1 und lege die Wollschichten auf die gefilzte Arbeit. Lass die Vorlage zwischen den Taschenteilen, damit sie nicht zusammenfilzen. Gib Seifenwasser auf die Wolle und bearbeite sie zehn Minuten wie in Schritt 2 beschrieben. Wende die Tasche. Filze den oberen Saum und die Ränder wie in Schritt 3.

5. Jetzt kannst du Muster einfilzen: Lege andersfarbige Wolle in Streifen, Punkten oder Blumen auf, gib etwas Seifenwasser darauf und filze etwa 15 Minuten weiter.

6. Wenn sich der Filz schon fest anfühlt, entfernst du die Vorlage. Schiebe deine Hand in die Tasche und reibe sie vorsichtig mit kleinen Bewegungen über das Waschbrett. Wechsle häufig die Richtung, damit die Tasche ihre Form behält. Je fester der Filz wird, desto größere Bewegungen kannst du machen. Achte darauf, dass du alle Stellen über das Brett reibst.

7. Für den Trageriemen legst du je nach gewünschter Länge und Stärke Wollstränge aneinander und rollst sie zunächst in deinen Handflächen zu einer Schlange. Tauche die Schlange in heißes Seifenwasser und rolle sie in der Bambusmatte. Füge nach Wunsch Wollstränge und Seifenwasser hinzu und rolle weiter. Die Bambusrolle kannst du mit Gummibändern zusammenbinden. Rolle die Matte etwa 15 Minuten hin und her, bis der Riemen fest ist. Lass alles gut trocknen und nähe den Riemen von Hand an.

TIERISCHE FÄUSTLINGE

Verwandle deine Fleecehandschuhe mit etwas Filz in wilde Kreaturen! Aus blauen Fäustlingen werden hungrige Haie, orangefarbene verwandeln sich in brüllende Löwen und rote in ein Paar feurige Drachen.

SO GEHT'S

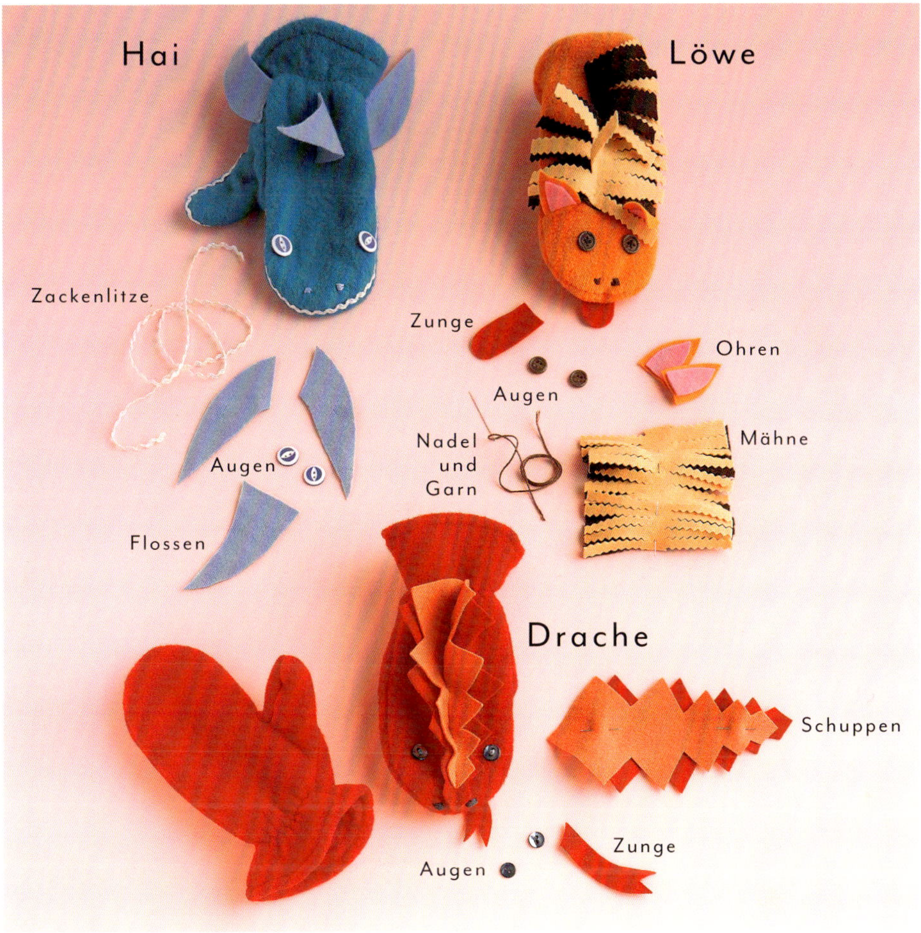

MATERIAL

- **Fausthandschuhe aus Fleece in deiner Größe**
- **Filzreste, Farben nach Wunsch**
- **Schere und Zickzackschere**
- **Nähnadel und Garn**
- **Knöpfe, Stickgarn und Zackenlitze zum Verzieren**
- **Bügeleisen**
- **Stecknadeln**
- **Bastelkleber**

Vorlagen Seite 333

Hai

Schneide mithilfe der Vorlage für jeden Handschuh drei Flossen aus hellblauem Filz aus. Nähe eine auf jede Seite und die dritte Flosse auf die Oberseite an. Als Zähne nähst du weiße Zackenlitze auf die vordere Rundung des Handschuhs. Nähe Knöpfe als Augen an und sticke mit Stickgarn und Knötchenstichen (siehe Seite 144) zwei Nasenlöcher auf.

Löwe

Schneide die Mähne nach der Vorlage pro Handschuh je einmal aus schwarzem und goldenem Filz aus. Sie sollte etwa drei Viertel des Handschuhs bedecken. Falte die beiden Teile in der Mitte und bügle sie. Schneide auf jeder Seite mit der Zickzackschere Streifen ein. Nähe die Mähne in der Bügelfalte an. Schneide die Ohren aus Filz in Orange und Rosa zu und nähe sie an. Schneide eine rote Filzzunge zu und nähe sie auf der Unterseite an. Nähe Knöpfe als Augen an und sticke Nasenlöcher mit Knötchenstichen (siehe Seite 144) auf.

Drache

Schneide mithilfe der Vorlage die Schuppen pro Handschuh je einmal in beiden Farben aus. Stecke zwei Teile etwas versetzt aufeinander. Bügle die Schuppen jeweils einmal der Länge nach gefaltet. Nähe die Schuppen in der Bügelfalte auf die Handschuhe. Schneide die gespaltene Zunge aus rotem Filz aus und nähe sie auf der Unterseite an. Nähe Knöpfe als Augen an und sticke Nasenlöcher mit Knötchenstichen (siehe Seite 144) auf.

KNOPF-ARMBÄNDER

Knöpfe eignen sich wunderbar, um daraus bunten Schmuck herzustellen. Am besten legst du dir in einer hübschen Box eine Sammlung an. Besonders gut machen sich Knöpfe in bunten Farben und in Blümchen- oder Herzform!

SO GEHT'S

MATERIAL

- Knöpfe, Farben und Formen nach Wunsch
- Gummikordel (Hutgummi), ø 1 mm
- Quetschröhrchen (Crimps), ø 2 mm
- Schere
- Spitzzange

SCHRITT FÜR SCHRITT

1. Schneide ein Stück Gummikordel, das zweimal um dein Handgelenk passt, zurecht.
2. Fädle den Gummi von hinten nach vorn durch die Knopflöcher. Bei Vierlochknöpfen ziehst du den Gummi durch zwei diagonale Löcher.
3. Bei Schaftknöpfen drehst du jeden zweiten Knopf beim Einfädeln um, damit sich die Knöpfe überlappen.
4. Fädle so viele Knöpfe auf, bis das Armband gut um dein Handgelenk passt. Fädle anschließend beide Enden der Gummikordel durch das Quetschröhrchen und presse das Metall fest mit der Zange zusammen. Schneide die Enden des Gummis ab.

BLUMEN-HAARKLAMMERN

Diese verspielten Haarklammern zaubern im Nu Sommerlaune in deine Haare. Schneide Gänseblümchen, Stiefmütterchen, Mohn und vierblättrige Kleeblätter aus Filz zu und klebe sie auf Haarklammern auf – fertig!

SO GEHT'S

MATERIAL

- Filz, Farben nach Wunsch
- Schere
- Niedrigtemperatur-Klebepistole
- Haarklammer, Farben nach Wunsch

Vorlagen Seite 333

SCHRITT FÜR SCHRITT

1. Mohn: Schneide einen langen Filzstreifen zu, rolle ihn fest zu einer Schnecke und klebe das Ende fest. Schneide die übrigen Teile mithilfe der Vorlagen aus. Klebe das Blatt auf die Rückseite der Blüte und die Schnecke in die Mitte der Blüte. Klebe die Mohnblume auf die Haarklammer.
2. Stiefmütterchen: Schneide Fransen in ein langes rechteckiges Stück Filz. Rolle das Fransenrechteck zur Schnecke und klebe es an der Unterseite zusammen. Schneide die Blüte mithilfe der Vorlage aus. Klebe die Fransen in die Mitte. Trocknen lassen. Drücke die Blüte unten schalenförmig zusammen und klebe sie auf die Klammer.
3. Gänseblümchen: Schneide einen langen Filzstreifen zu, rolle ihn fest zu einer Schnecke und klebe das Ende fest. Schneide mithilfe der Vorlage vier Blütenblätter aus. Klebe jeweils die Enden zusammen und dann auf die Klammer. Klebe die Schnecke in die Mitte.
4. Tulpe: Schneide mithilfe der Vorlagen die Blüte und Blätter aus. Klebe die Blüte unten leicht schalenförmig zusammen. Du kannst sie auch flach lassen. Klebe Blüte und Blatt auf die Klammer.
5. Vierblättriges Kleeblatt: Schneide mithilfe der Vorlage vier Blätter aus. Kneife jedes Blatt an der Unterseite etwas zusammen und sichere den Knick mit Klebstoff. Klebe die Blätter auf die Klammer.

FREUNDSCHAFTSBÄNDER

Bunte Freundschaftsbänder sehen nicht nur super aus, sie sind auch ein tolles Geschenk. Aber Vorsicht! Freundschaftsbänder knüpfen kann süchtig machen! Mit ein bisschen Übung kannst du auch Halsketten oder sogar Gürtel knüpfen.

Diagonales Muster

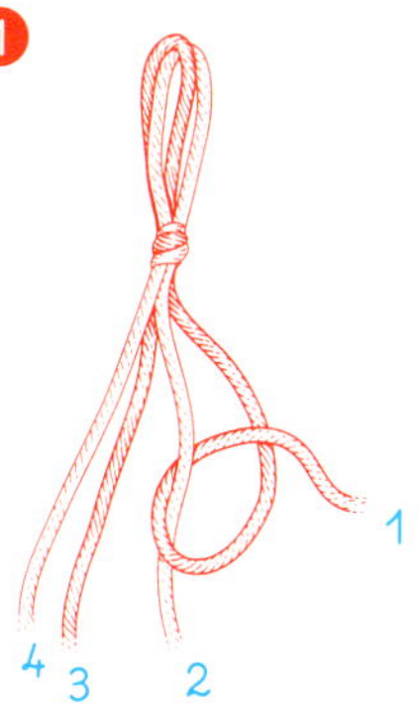

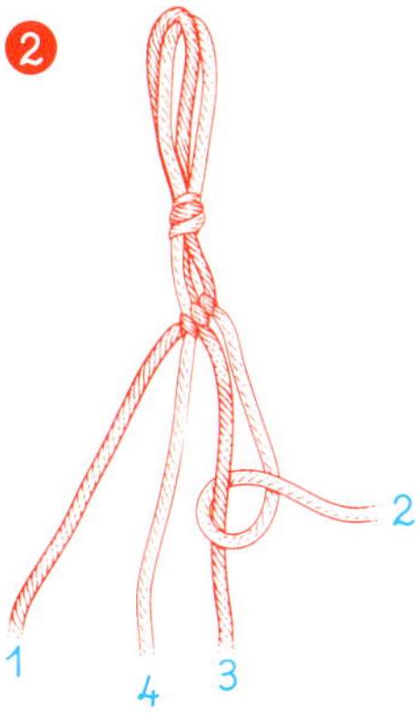

Diagonales Muster

Wenn du noch nicht so geübt bist, beginne mit zwei 1,50 m langen Stickgarnfäden. Je mehr Fäden du verwendest, desto dicker werden die Bändchen. Falte die Fäden in der Mitte und verknote sie so, dass du eine ca. 10 cm lange Schlaufe erhältst. Die vier Fäden knüpfst du nun wie oben rechts gezeigt:

1. Schlinge Faden 1 um Faden 2. Ziehe den Knoten oben fest. Einmal wiederholen. Knüpfe Faden 1 genauso mit je zwei Knoten um Faden 3 und 4.

2. Jetzt liegt Faden 1 auf der anderen Seite. Wiederhole Schritt 1 mit Faden 2, der nun rechts außen liegt. Reihe 3 beginnt mit Faden 3, Reihe 4 mit Faden 4. Wiederhole das Muster, bis das Bändchen die passende Länge hat. Zum Verschließen ziehst du eine Hälfte der Fäden durch die Schlaufe und verknotest sie mit den anderen Enden.

Pfeilmuster

Für das Pfeilmuster faltest du vier Fäden in der Mitte und verknotest sie. Jetzt arbeitest du mit acht Fäden. Lege die Fäden so, dass die Farben spiegelbildlich erscheinen, also etwa Faden 1 und 8 in Blau, 2 und 7 in Rot usw. Knüpfe Faden 1 mit zwei Knoten an Faden 2, danach an Faden 3 und 4. Knüpfe Faden 8 nacheinander mit zwei Knoten an Faden 7, 6 und 5. Dann knüpfst du Faden 1 in der Mitte mit zwei Knoten an Faden 8. Wiederhole das Muster, bis das Band die passende Länge hat. Zum Verschließen ziehst du eine Hälfte der Fäden durch die Schlaufe und verknotest sie mit den anderen Fäden.

KNETPERLEN

Ketten und Armbänder kannst du noch individueller gestalten, wenn du nicht fertige Perlen auffädelst, sondern die Perlen aus ofenhärtender Modelliermasse (z. B. FIMO®) gleich selbst machst. Kombiniere Perlen mit Punkten, Gesichtern, Blumen und Streifen zu Ketten in deinen Lieblingsfarben.

Flache Perlen

Du kannst die Modelliermasse auch zu Würsten rollen und dann mit dem Küchenmesser in flache Scheiben schneiden. Sie lassen sich wie die Kugeln verzieren. Mit dem Zahnstocher stichst du seitlich Löcher zum Auffädeln ein.

Tipps

Beginne am besten mit einfachen, einfarbigen Perlen. Wenn du schon ein bisschen Übung hast, kannst du Muster einarbeiten. Hier ein paar Tipps, wie deine Perlen gut gelingen.

- Wenn du eine neue Packung öffnest, knete die Modelliermasse erst ein wenig, damit sie weich und geschmeidig wird. So lässt sie sich leichter verarbeiten.
- Wasche immer deine Hände, bevor du mit einer neuen Farbe beginnst, damit sich die Farben nicht vermischen.
- Stich die Löcher mit einem Zahnstocher in die Perlen.
- Fädle die Perlen zum Trocknen auf eine geradegebogene Büroklammer, damit sie ihre Form behalten. Achte darauf, dass sich die Perlen dabei nicht berühren. Lege den Draht mit den Perlen auf die Ränder einer Tasse oder eines Glases.
- Härte die Perlen auf dem Draht im Ofen bei etwa 135 °C für sechs bis 15 Minuten, je nach Größe der Perlen. Fädle immer gleich große Perlen auf einen Draht. Dann kannst du sie zur selben Zeit herausholen. Beachte für das Härten die Herstelleranleitung. Wenn die Masse zum Schluss noch nicht hart ist, gib einfach ein paar Minuten zu.

Punkte

Rolle weiße Knetmasse zu einer dünnen Wurst. Schneide kleine Stücke ab und rolle sie zu Kügelchen. Drücke die kleinen auf eine große Kugel. Rolle die große Kugel, damit die Oberfläche schön glatt wird.

Blume

Rolle fünf weiße kleine Knetkugeln für die Blütenblätter, für die Blütenmitte eine orangefarbene. Setze die Kügelchen in Blütenform auf die große Knetkugel und drücke sie flach. Rolle die große Kugel, damit die Oberfläche schön glatt wird.

Gesicht

Rolle eine kleine weiße Knetkugel und drücke sie zwischen Daumen und Zeigefinger zu einer flachen Scheibe. Mach winzige Kügelchen für Augen und Nase und ein längliches Stück für den Mund. Setze die Gesichtsteile auf die flache Scheibe und drück das Ganze auf eine größere Knetkugel. Rolle die große Kugel, damit die Oberfläche schön glatt wird.

Streifen

Rolle weiße Knetmasse zu einer langen, dünnen Wurst. Lege die Wurst spiralförmig um eine große Kugel und drücke sie vorsichtig fest. Rolle die große Kugel, damit die Oberfläche schön glatt wird.

ORIGAMI-RING

Diese Riesen-Klunker sind ein toller Schmuck für deine Hände! Und eine großartige Beschäftigungsidee für deine nächste Geburtstagsparty! Probiert verschiedene Farben und Muster aus. Wer faltet den schönsten Ring?

SO GEHT'S

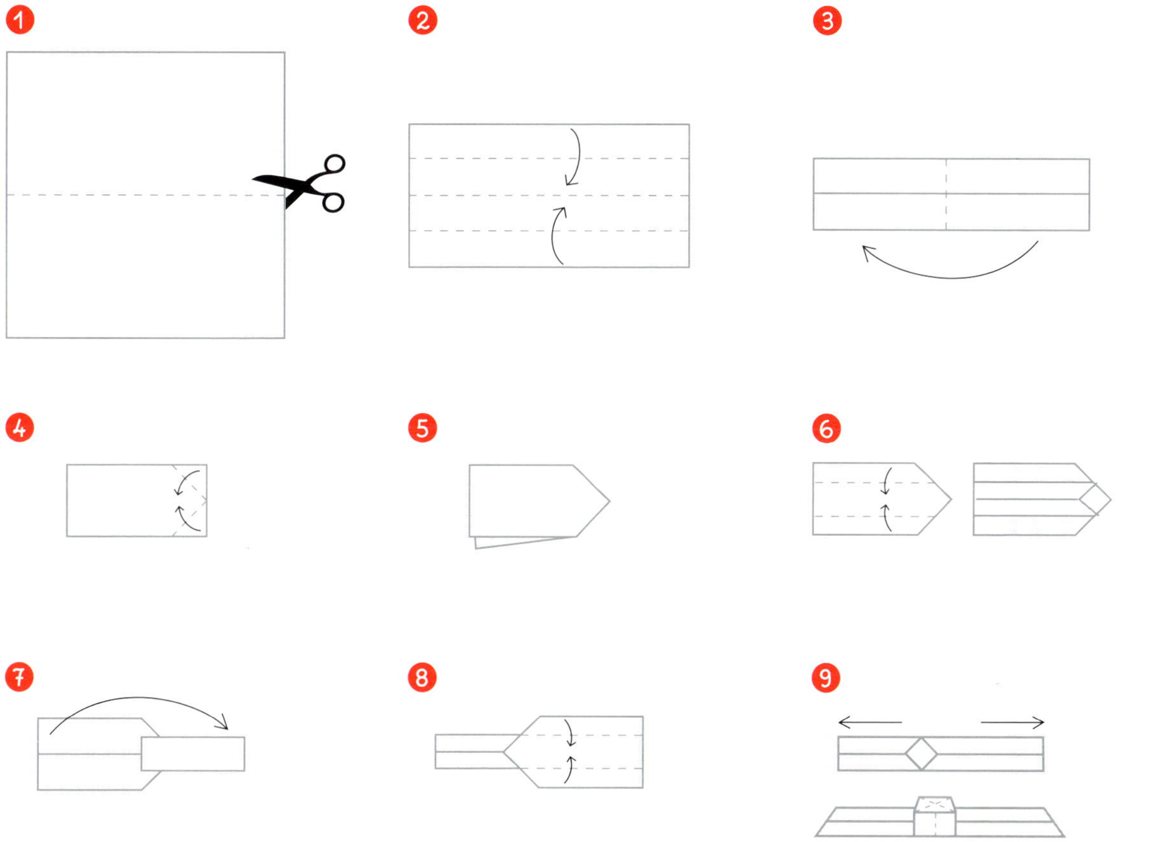

SCHRITT FÜR SCHRITT

1. Schneide ein Blatt Origami-Papier in der Mitte durch.
2. Falte ein Rechteck der Länge nach mittig. Öffne das Papier und falte beide Längsseiten auf die mittlere Faltlinie.
3. Falte die beiden kurzen Seiten aufeinander.
4. Falte die Ecken an der kurzen, geschlossenen Seite zur Mitte und öffne sie wieder.
5. Schlage die gefalteten Spitzen nach innen.
6. Falte die beiden Längsseiten der oberen Papierschicht zur Mitte.
7. Falte die obere Hälfte des Papiers auf. Wende das Papier.
8. Falte die Längsseiten des breiten Stücks zur Mitte.
9. Ziehe an den Enden, damit sich der „Klunker" in der Mitte öffnet. Knicke die Ecken etwas nach. Schneide die langen Enden passend ab und klebe sie als Ring zusammen.

PAPIERPERLEN-KETTE

Die Perlen dieser Ketten sehen so kunstvoll aus, dass niemand vermuten würde, wie schnell sie gemacht sind. Kleine Papierdreiecke werden über einen Zahnstocher gerollt – fertig! Verwende Origami-Papier oder Farbfotos aus Zeitschriften.

SO GEHT'S

MATERIAL

- Origami-Papier (oder farbiges Papier oder Farbfotos aus Zeitschriften), 10 cm x 10 cm (für 7 Perlen), Farben nach Wunsch
- Bleistift
- Lineal
- Schere
- Zahnstocher
- Bastelkleber
- dünner Pinsel
- Schmuckfaden aus Baumwolle oder Leinen

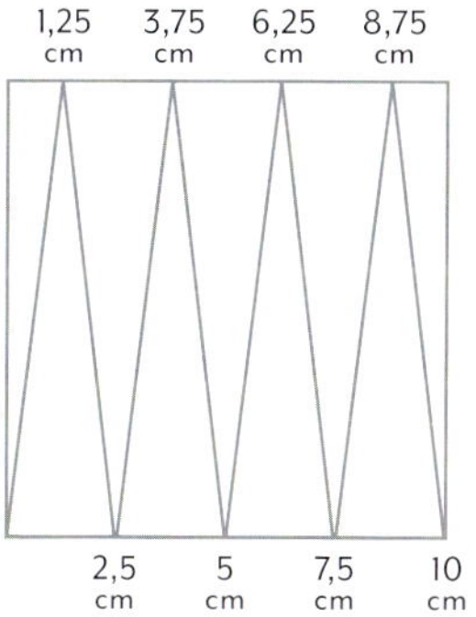

SCHRITT FÜR SCHRITT

1. Zeichne auf einer Seite des Papierquadrats Markierungen im Abstand von je 2,5 cm ein. Zeichne auf der anderen Seite Markierungen bei 1,25 cm, 3,75 cm, 6,25 cm und 8,75 cm ein (siehe Zeichnung oben rechts). Verbinde die Markierungen, sodass du sieben spitze Dreiecke erhältst. Schneide sie aus.
2. Lege die schöne Seite eines Papierdreiecks nach unten. Lege einen Zahnstocher an der breiten Seite an. Rolle die ersten 1,5 cm des Dreiecks fest um den Zahnstocher. Trage Klebstoff auf den Rest des Papiers auf und rolle es ganz zusammen. Ziehe den Zahnstocher raus und lass die Perle trocknen.
3. Rolle so viele Perlen, wie du möchtest. Schneide ein Stück Schmuckfaden in der passenden Länge zu, fädle deine Perlen auf und verknote die Enden.

ROCAILLE-SCHMUCK

Romantische Ketten und Armbänder mit Rocaille-Blüten erinnern das ganze Jahr über an den Sommer. Gestalte die Schmuckstücke ganz individuell mit einer oder mehreren Blüten in deinen Lieblingsfarben.

SO GEHT'S

Tipps

- **Schmuckfäden:** Es gibt verschiedene Arten von Schmuckfäden. Auf Schmuckdraht kannst du die Perlen ohne Nadel auffädeln. Da er sehr starr ist, kannst du damit aber keine Blüten und Blätter arbeiten. Dafür eignet sich ein elastischer Schmuckfaden am besten. Allerdings brauchst du dafür eine Perlennadel zum Auffädeln. Achte immer auf die Fadenstärke: Der Faden muss für Blüten und Blätter so dünn sein, dass er zweimal durch das Perlenloch passt. Achte auch darauf, dass die Perlennadel dünn genug ist, damit sie durch die Löcher passt.
- **Dein Arbeitsplatz:** Rocailles sind winzig. Arbeite daher an einem gut beleuchteten Platz. Arbeite über einem Tablett mit etwas Filz oder einem Küchenhandtuch darin, damit die Perlen nicht wegrollen können. Gib immer einige Perlen farblich sortiert in kleine flache Schalen.
- **Perlen aufnehmen:** Es ist schwierig, die winzigen Perlen mit den Fingern aufzunehmen. Besser geht es, wenn du sie gleich mit der Nadel auffädelst. Oder du nimmst einfach eine Pinzette zu Hilfe.

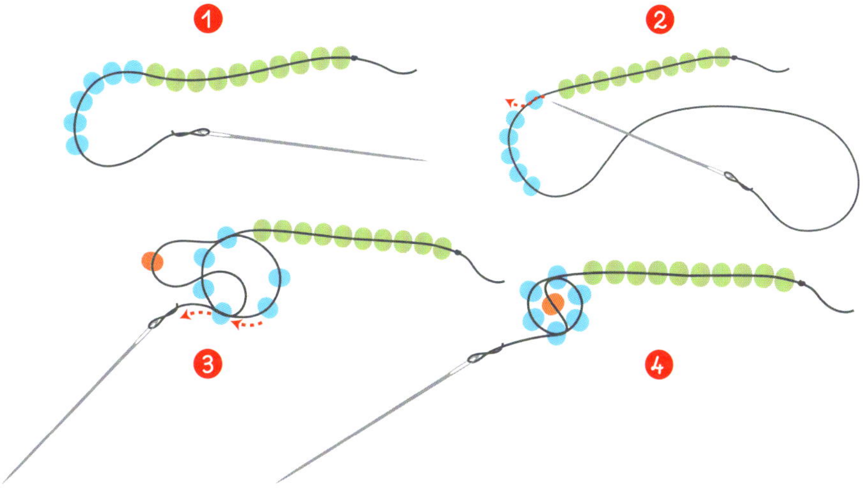

SCHRITT FÜR SCHRITT

1. Schneide einen Schmuckfaden viermal so lang zu wie deine fertige Kette sein soll. Fädle ein Ende durch ein Teil der Schließe und verknote es. Fädle das andere Ende in die Perlennadel und lass es etwa 5 cm hängen. Fädle etwa zehn Perlen auf. Beginne mit der Blume, indem du sechs Perlen auffädelst.
2. Stich die Nadel erneut durch die erste Blumenperle (die Nadel zeigt vom verknoteten Ende weg).
3. Für die Blütenmitte fädelst du eine andersfarbige Perle ein und stichst mit der Nadel anschließend durch die vierte Blumenperle (die Nadel zeigt zum verknoteten Ende).
4. Ziehe den Faden straff. Für ein Blatt fädelst du zehn oder zwölf grüne Perlen auf. Lege den Abschnitt zur Schlaufe und ziehe den Faden erneut durch die erste Blattperle. Ziehe am Faden, bis die Perlen fest sitzen. Jetzt kannst du weitere Blumen und Blätter arbeiten.
5. Fädle zum Schluss noch einmal zehn Perlen auf und ziehe den Faden straff. Fädle den Faden durch das andere Schließenteil und verknote ihn.

MATERIAL

- Rocaille-Perlen, Farben nach Wunsch, ø 2–3 mm
- elastischer Schmuckfaden, ø 0,5 mm
- Schließe
- Perlennadel
- Nadeleinfädler
- Schere

BATIK-SHIRTS

Batik ist eine uralte Stofffärbetechnik aus Indonesien, die aber auch heute noch sehr beliebt ist. Auf den nächsten Seiten erfährst du, wie du Streifen, Kreise und Dreiecke gestalten kannst. Aber natürlich gibt es noch zahlreiche andere Muster, probiere es einfach aus!

Wusstest du schon?

Beim Batiken wird der Stoff mit Gummibändern oder Kordeln abgebunden, bevor er gefärbt wird. Die abgebundenen Stellen bleiben weiß und bilden so dekorative Muster.

SO GEHT'S

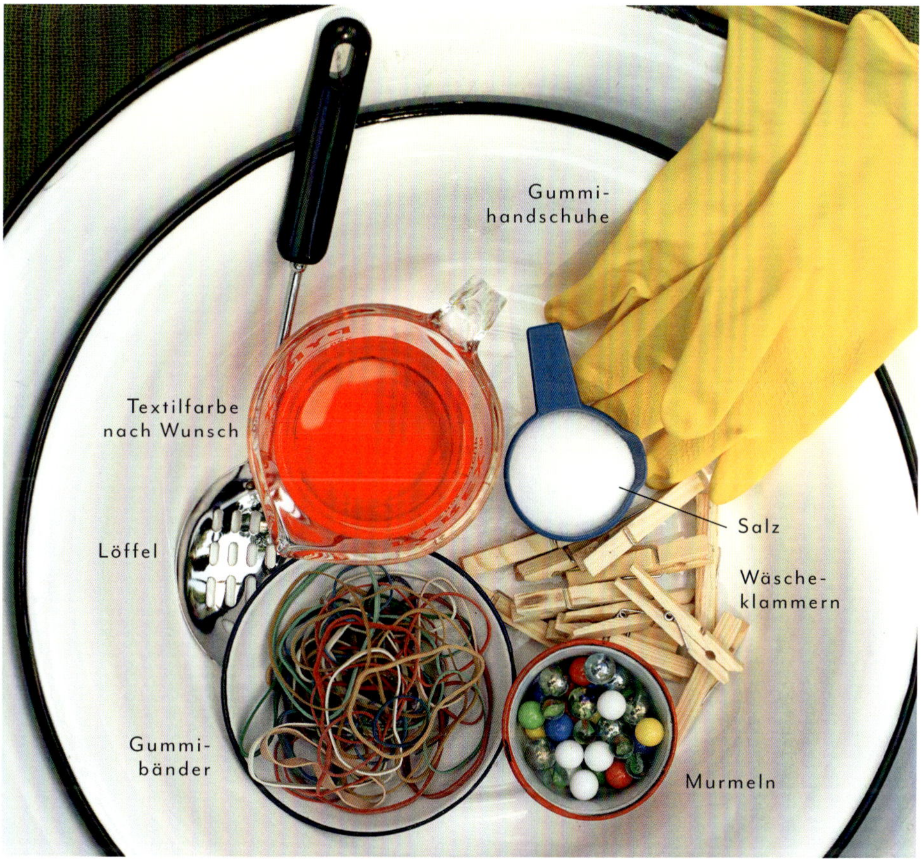

MATERIAL

- T-Shirt aus reiner Baumwolle
- Textilfarbe nach Wunsch
- Gummibänder
- Gummihandschuhe
- große Glas- oder Emaille-Schüssel
- Löffel
- Murmeln
- Feinwaschmittel
- altes Handtuch
- Wäscheklammern
- evtl. Salz

GRUNDANLEITUNG FÄRBEN

1. Überlege dir ein Muster und binde das T-Shirt mit Gummibändern entsprechend ab (siehe Seite 192/193). Rühre die Textilfarbe nach Herstelleranleitung in einer großen Schüssel an. Trage Gummihandschuhe. Für ein intensiveres Farbergebnis gib einfach etwas Salz dazu.
2. Tauche dein abgebundenes T-Shirt in die Färbeflüssigkeit und bewege es mit einem Löffel in der Farbe hin und her. Nimm das Shirt heraus, wenn die Farbe etwas dunkler ist, als du sie möchtest. Je nach Farbintensität dauert das fünf bis 20 Minuten. Wasche das T-Shirt erst in warmem, dann in kaltem Wasser so lange aus, bis das Wasser klar ist.
3. Entferne die Gummibänder und wasche das Shirt von Hand mit Feinwaschmittel und warmem Wasser. Spüle es in kaltem Wasser aus. Wringe es in einem Handtuch aus und lass es trocknen.

BATIK-SHIRTS – SO GEHT'S

Dreiecke

1. Falte das Shirt zweimal der Länge nach in der Mitte. Falte die Ärmel auf jeder Seite nach außen.
2. Falte die untere Ecke zunächst diagonal nach oben. Falte die entstandene Spitze nach oben. Wiederhole den letzten Schritt, bis das Shirt komplett zum Dreieck gefaltet ist. Umwickle es mit Gummiringen und färbe es (siehe Seite 191).

Kreise

1. Überlege dir ein Blasenmuster. Lege für eine Blase eine Murmel in dein T-Shirt, wickle den Stoff um die Murmel und binde ihn mit einem Gummiring ab.
2. Binde weitere Murmeln deinem Muster entsprechend ein. Färbe das T-Shirt nach der Anleitung auf Seite 191.

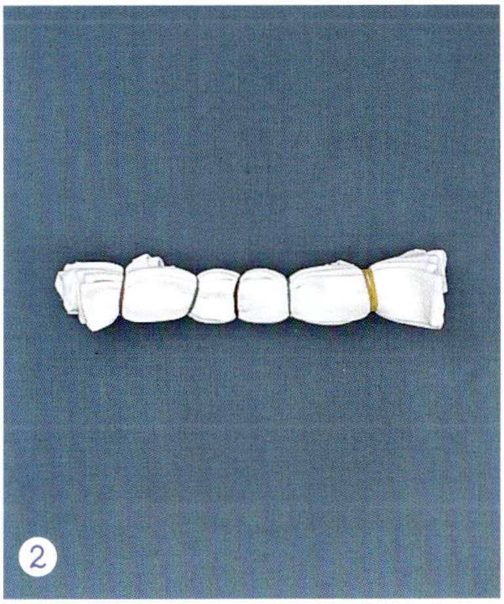

Streifen

1. Lege das T-Shirt flach vor dich und falte die Ärmel nach innen. Falte das Shirt von unten nach oben wie eine Ziehharmonika. Je breiter die Falten sind, desto breiter werden später die Streifen.
2. Binde die T-Shirt-Wurst alle 2–3 cm mit Gummibändern ab. Färbe das T-Shirt nach der Anleitung auf Seite 191.

SUPERHELDEN-KOSTÜME

Crash! Bumm! Bäng! Mit diesen Kostümen sind Superboy und Supergirl mit ihren Superkräften jederzeit einsatzbereit. Denn Capes aus glänzendem Satin, bunte Gürtel und Manschetten aus Kraftpapier, Buchstabenapplikationen sowie glitzernde Masken und Stirnbänder verwandeln Leggings und langärmelige Shirts blitzschnell in Superheldenanzüge.

CAPE UND T-SHIRT – SO GEHT'S

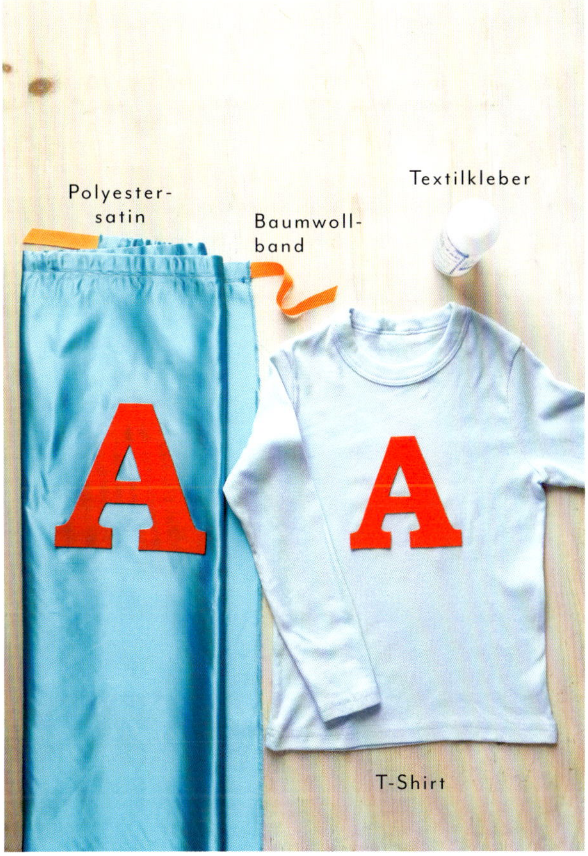

MATERIAL

- T-Shirt in deiner Größe
- Filz, Tonpapier und Glitzer-papier, Farben nach Wunsch
- Polyester-Satin, 90 cm x 90 cm, Farbe nach Wunsch
- Trickmarker
- kleine Schere
- Bügeleisen
- Nähnadel und Garn oder Nähmaschine
- Sicherheitsnadel, Stecknadeln
- Baumwollband, 1 cm breit, 60 cm lang
- Textilkleber

Vorlagen Seite 334 und 335

Cape und T-Shirt

1. Schneide die Vorlage für deinen Buchstaben oder den Blitz aus Papier aus. Stecke sie auf Filz oder Tonpapier fest und umrande sie mit Trickmarker. Schneide Buchstaben oder einen Blitz aus.
2. Bügle für das Cape eine Kante des Satins 1 cm und dann noch einmal 1,5 cm um. Lass dir von einem Erwachsenen helfen. Nähe den Umschlag an. Befestige die Sicherheitsnadel an einem Ende des Bands und ziehe sie mit dem Band durch den Tunnel.
3. Lege Cape und T-Shirt flach vor dich. Gib Textilkleber auf den Buchstaben oder den Blitz und klebe sie auf. Trocknen lassen.

MATERIAL

- Kraftpapier, 5 cm breit, Länge: Bundweite + 3 cm
- Kraftpapier oder Musselin, 2 x 5 cm x 20 cm
- Gewebeband, Isolierband oder Reflexband, Farben nach Wunsch
- kleine Schere
- Filzstift

Vorlagen Seite 335

Gürtel und Manschetten

1. Gürtel: Beklebe den Kraftpapierstreifen mit Klebeband deiner Wahl. Für die Gürtelschließe schneidest du vier Klebebandstreifen in den passenden Längen zu und klebst sie auf die Mitte des Gürtels. Lege den Gürtel an und verschließe ihn mit Klebeband.

2. Manschetten: Übertrage die Vorlagen auf die Kraftpapierrechtecke und schneide sie aus. Beklebe die Manschetten mit Klebeband deiner Wahl. Lege die Manschetten an, sodass sich die Enden überlappen (siehe Foto Seite 194), und klebe sie mit Klebeband fest.

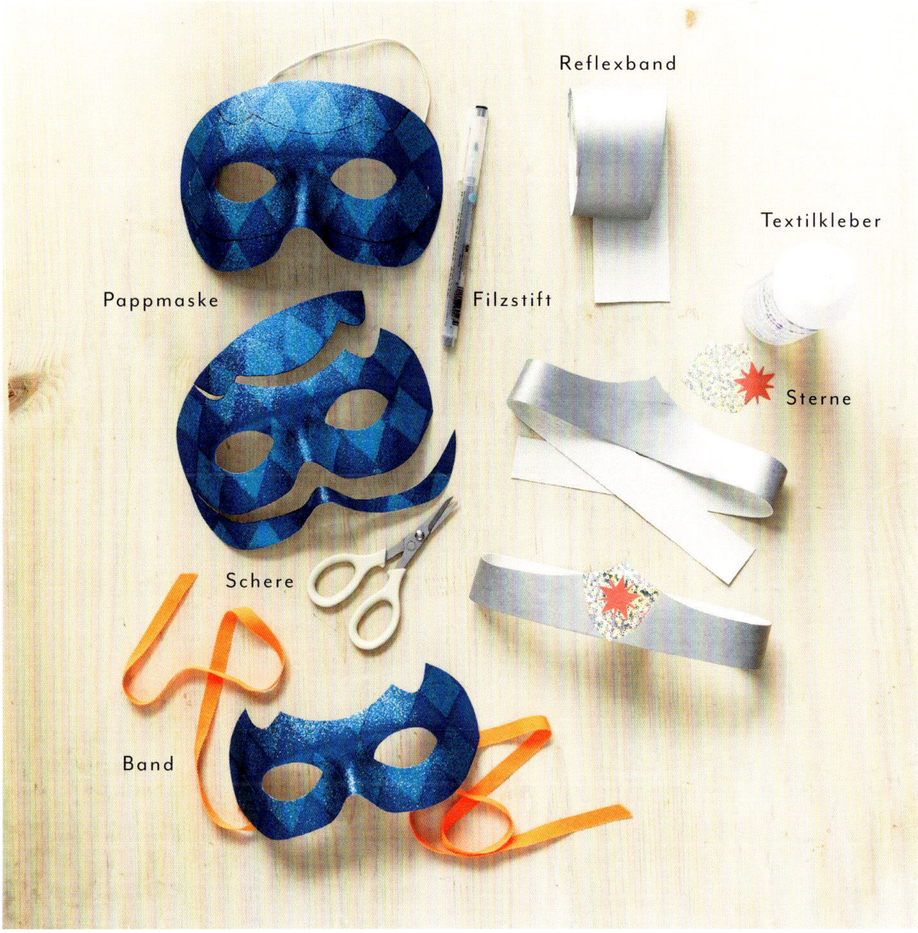

MATERIAL

- Pappmaske
- Baumwollband 2 x 1 cm x 25 cm
- Reflexband
- Kraftpapier, 5 cm breit, Länge: Kopfumfang + 3 cm
- Glitzerpapier
- Papiersterne oder Sternaufkleber
- Filzstift
- kleine Schere
- Textilkleber

Vorlagen Seite 335

Maske und Stirnband

1. Maske: Zeichne auf die Pappmaske am oberen und unteren Rand den gewünschten Umriss deiner Maske auf; lass die Seiten frei. Schneide sie aus. Entferne den Gummi an der Maske und klebe die Bänder an.

2. Stirnband: Beklebe den Kraftpapierstreifen mit Reflexband. Übertrage die Vorlage auf den Streifen und schneide das Stirnband aus. Übertrage die Krone mit der Vorlage auf Glitzerpapier und schneide sie aus. Klebe einen Stern auf die Krone und die Krone auf das Stirnband. Trocknen lassen. Lege das Band an und verklebe die Enden.

PARTY-KRONEN

Ob Geburtstag, Silvester oder Schulanfangsparty, diese Krönchen machen jedes Kind zum Star! Auf der silbernen Alufolienbasis erhebt sich die Krone in Seidenpapier deiner Lieblingsfarbe. Farbige Punkte auf den Spitzen bilden den krönenden Abschluss.

SO GEHT'S

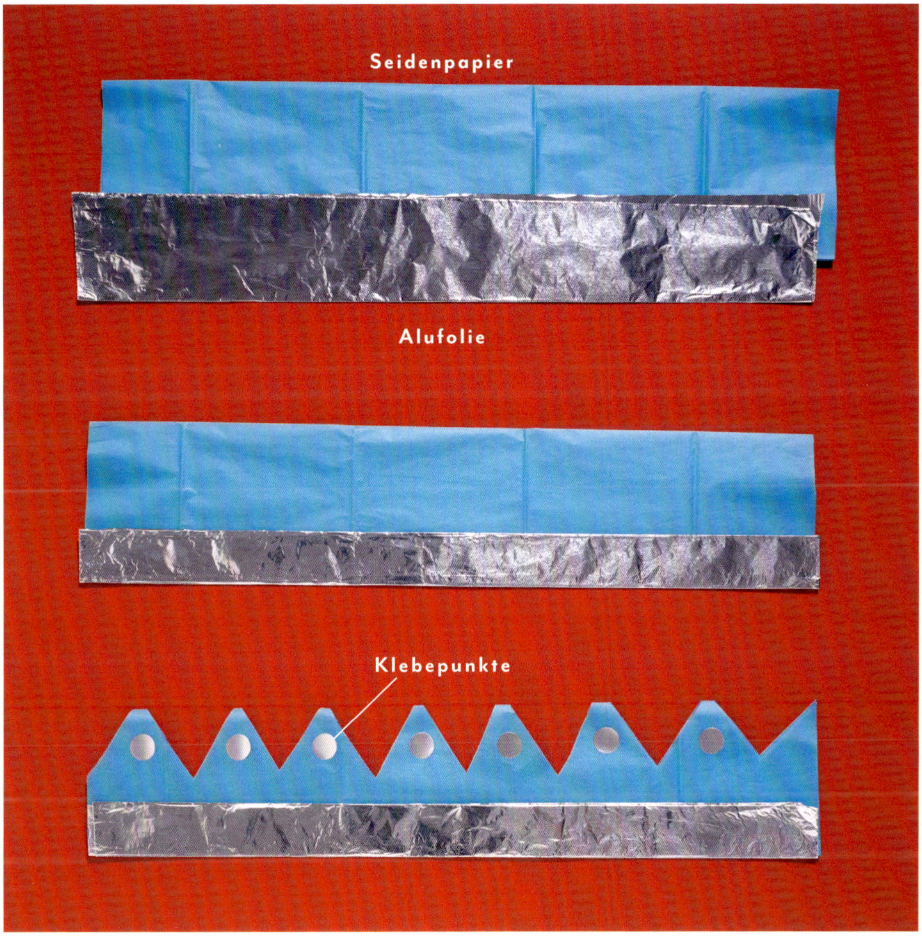

MATERIAL

- Alufolie
- Seidenpapier, Farbe nach Wunsch
- Schere
- Klebepunkte, Farbe nach Wunsch
- Klebeband oder Bürohefter

SCHRITT FÜR SCHRITT

1. Reiße ein 50 cm langes Stück Alufolie ab. Falte es zweimal zur Hälfte, sodass die langen Seiten aufeinandertreffen. Lege die Seite mit der Öffnung nach oben. Schneide ein 50 cm langes Stück Seidenpapier und falte es zweimal der Länge nach. Lege die gefaltete Kante nach oben und schiebe das Seidenpapier in den Folienstreifen bis kurz unter dessen Mitte (siehe Foto oben).
2. Falte die untere Kante des Folienstreifens auf die obere Kante.
3. Schneide wie auf dem Foto gezeigt Dreiecke mit 1 cm Abstand in das Seidenpapier. Klebe die Punkte auf. Passe die Krone an und verbinde die Enden mit Klebeband oder mit dem Bürohefter.

SCHNÜRSENKEL-TRICKS

Warum werden Schnürsenkel eigentlich immer gleich geschnürt? Mit diesen Tricks stellst du alle Schnürsenkel-Gesetze auf den Kopf und machst deine Lieblingsturnschuhe zu echten Hinguckern!

SO GEHT'S

Cool geschnürt

Es gibt unzählige Möglichkeiten, Schnürsenkel einzufädeln. Probiere einfach aus, was dir am besten gefällt. Die Einfädel-Muster wirken noch cooler mit Schnürsenkeln in leuchtendem Blau, Rot, Gelb, Grün oder Orange. Oder du nimmst für den linken und rechten Schuh jeweils eine andere Farbe.

Schach-brett | Gitter | Schlaufen | Kreuze

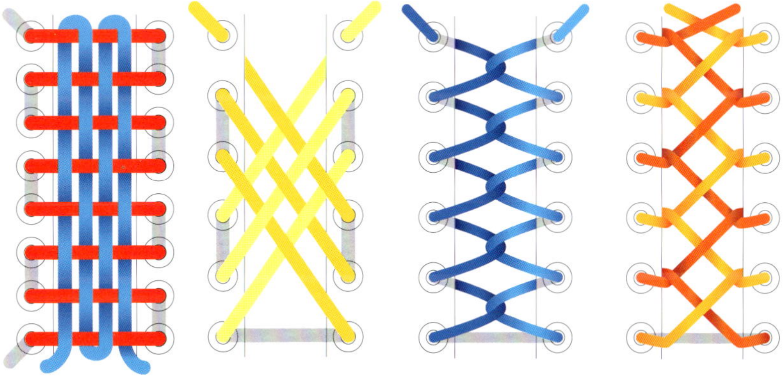

GEPIMPTE FLIP-FLOPS®

Mit Schmetterlingen, Schlangen, Fröschen, Eidechsen oder anderen Plastiktieren kannst du deine Flip-Flops® ordentlich aufpeppen. Mit Heißkleber ankleben – fertig sind deine unverwechselbaren Zehentreter.

SO GEHT'S

Tipp

Welche Tiere du für deine Zehentreter aussuchst, bleibt ganz dir überlassen. Sie müssen nur eine Voraussetzung erfüllen: Die Unterseite der Tiere sollte flach sein, damit du sie gut auf deine Flip-Flops® aufkleben kannst.

MATERIAL

- Flip-Flops® in deiner Größe
- Plastiktiere
- Heißklebepistole mit transparentem Kleber

SCHRITT FÜR SCHRITT

1. Überlege dir, wie das Tier auf deinem Flip-Flop® sitzen soll. Du kannst pro Schuh eins oder auch mehrere aufkleben.
2. Klebe die Tiere mit der Heißklebepistole auf. Lass dir von einem Erwachsenen dabei helfen. Lass den Kleber gut trocknen.

BEDRUCKTE T-SHIRTS

Peppe deine einfarbigen T-Shirts mit Lieblingsmotiven auf. Du brauchst nur ein paar Kartoffeln und Stoffmalfarbe und schon ziert eine leuchtend rote Blume die Vorderseite deines T-Shirts oder ein niedlicher Bär lugt neugierig aus der Brusttasche. Die Blume druckst du ganz einfach mit zwei aufgeschnittenen Kartoffeln auf, der Bär wird mit einer Ausstechform aus der Kartoffel gestochen.

SO GEHT'S

MATERIAL

- T-Shirt aus Baumwolle in deiner Größe
- große Kartoffeln
- Stoffmalfarbe, Farbe nach Wunsch
- Pinsel
- Ausstecher Bär
- scharfes Messer
- Küchentücher
- Pappteller
- Holzspatel
- Stück Karton

SCHRITT FÜR SCHRITT

1. Schneide für die ovalen Blütenblätter eine Kartoffel in der Mitte durch. Lass dir von einem Erwachsenen helfen. Für die Blütenmitte schneidest du eine runde Kartoffel in der Mitte durch.

2. Schneide für den Bär eine große Kartoffel zunächst der Länge nach durch. Lege die Kartoffel mit der flachen Seite auf den Tisch und drücke die Ausstechform hinein. Entferne die abgeschnittenen Teile und trockne die Kartoffel mit einem Küchentuch ab.

3. Gib mit einem Holzspatel Farbe auf den Pappteller. Tauche den Stempel ein, sodass er gleichmäßig mit Farbe bedeckt ist. Wische überschüssige Farbe an den Rändern mit einem Küchentuch ab.

4. Lege ein Stück Karton in das T-Shirt, damit sich die Farbe nicht durchdrückt. Drucke den Stempel fest für etwa fünf Sekunden auf den Stoff. Male Stängel und Gesicht mit dem Pinsel auf. Fixiere die Farbe nach Herstelleranleitung.

SHIRT MIT FISCHDRUCK

Die Fische machen das einfarbig blaue T-Shirt zu einem spritzigen Outfit für sommerliche Strand- oder Schwimmbadaktivitäten. Das Motiv wird mit Stoffmalfarbe und einem Gummifisch einfach aufgedruckt.

SO GEHT'S

MATERIAL

- T-Shirt aus Baumwolle
- Gummifisch
- Stoffmalfarbe, Farbe nach Wunsch
- Pinsel

SCHRITT FÜR SCHRITT

1. Gib mit dem Pinsel eine dünne Schicht Stoffmalfarbe auf eine Seite des Fischs. Achte darauf, dass du alle Strukturen gut mit Farbe bedeckst.
2. Schiebe ein Stück Karton oder eine Plastiktüte in dein Shirt, damit die Farbe nicht durchdrückt. Lege den Fisch mit der bemalten Seite nach oben auf den Tisch. Lege das T-Shirt auf den Fisch und drücke es an allen Stellen fest an. Achte darauf, dass der Fisch nicht verrutscht. Entferne das T-Shirt wieder vorsichtig. Wiederhole Schritt 1 und 2, um evtl. noch weitere Fische aufzudrucken. Fixiere die Farbe nach Herstelleranleitung.

5 Experimentieren und entdecken

Die Welt ist voller Wunder! Mach die Augen auf, geh auf Entdeckungsreise, wage Experimente und erforsche die Geheimnisse der Natur!

KRISTALLE ZÜCHTEN

Beobachte Salzkristalle beim Wachsen! Du brauchst allerdings ein bisschen Geduld, denn es dauert ein paar Tage, bis du etwas sehen kannst.

SO GEHT'S

MATERIAL

- Wasser
- Bittersalz
- Lebensmittelfarbe
- Kochtopf
- Glasgefäß
- Baumwollfaden
- Bleistift
- Unterlegscheibe

Wusstest du schon?
Salzkristalle bilden faszinierende Formen. Unter einer Lupe kannst du ihre ganze Schönheit noch besser bestaunen. Toll, oder?

SCHRITT FÜR SCHRITT

1. Bringe eine Tasse Wasser in einem Topf zum Kochen. Nimm das Wasser vom Herd, gib eine halbe Tasse Bittersalz hinzu und rühre so lange, bis es sich aufgelöst hat. Wenn du möchtest, füge noch einige Tropfen Lebensmittelfarbe hinzu. Gib so lange Salz in das Wasser (etwa noch eine viertel bis halbe Tasse), bis sich das Salz beim Rühren nicht mehr auflöst. Abkühlen lassen. Gieße die Flüssigkeit in das Glasgefäß.
2. Knote an ein Ende des Baumwollfadens den Bleistift, an das andere Fadenende die Unterlegscheibe. Lege den Stift auf den Gefäßrand und hänge die Scheibe einige Zentimeter über dem Gefäßboden in die Salzflüssigkeit. In den folgenden Tagen kannst du beobachten, wie das Wasser verdunstet und das zurückbleibende Salz einen Kristall an der Metallscheibe formt. Entferne alle Kristallkrusten am oberen Gefäßrand.
3. Deinen fertigen Kristall kannst du in ein sauberes Glasgefäß hängen.

WASSER-FEUERWERK

Hier kommt ein Feuerwerk der ganz besonderen Art: Diese spektakulären Farbexplosionen finden nämlich im Wasser statt! Fülle ein Glasgefäß mit Wasser. In ein anderes Gefäß gibst du einen Teelöffel Speiseöl und jeweils einige Tropfen Lebensmittelfarbe in Rot, Grün, Blau und Gelb. Vermische Öl und Farbe mit einer Gabel. Gieße das gefärbte Öl in das Wasser und staune, wie die Farben in Bändern zu Boden sinken.

Wusstest du schon?

Lebensmittelfarbe löst sich in Wasser, nicht aber in Öl auf. Die Farbtropfen sind in dem Öl zunächst sozusagen gefangen. Da sie jedoch schwerer als Öl sind, sinken sie. Sobald sie dann mit dem Wasser in Verbindung kommen, lösen sie sich auf.

GLAS-ORGEL

Musik macht Spaß! Aber wie entstehen eigentlich hohe und tiefe Töne? Mit dieser Glas-Orgel kannst du das herausfinden. Fülle fünf Gläser unterschiedlich hoch mit Wasser. Damit es schön bunt wird, kannst du in jedes Glas etwas Lebensmittelfarbe geben. Schlage nun die Gläser mit einem Schlägel oder einem Kochlöffel an. Was hörst du? Volle Gläser klingen tiefer, leere höher. Kannst du mit deiner Glas-Orgel eine Melodie spielen?

Wusstest du schon?

Die Glas-Orgel gehört ähnlich wie das Xylophon, das Tamburin oder das Schlagzeug zu den Schlaginstrumenten. Das sind Instrumente, die durch Schlagen in Schwingung versetzt werden. Die Schwingungen breiten sich in der Luft aus und werden so als Ton oder Geräusch hörbar.

SEIFENBLASEN-ZAUBER

Wer macht die größten Seifenblasen? Mit diesem Blasrechteck aus Strohhalmen und Schnur und einer selbst angerührten Seifenflüssigkeit zauberst du gigantische Seifenblasen in allen möglichen Formen und gewinnst jeden Seifenblasen-Wettbewerb.

SO GEHT'S

Wusstest du schon?

Eine Seifenblase besteht aus einem hauchdünnen Seifenwasserfilm, der mit Luft gefüllt ist. Die Seife in der Flüssigkeit macht das Wasser elastisch und die Oberflächenspannung des Wassers hält die Blase in Form. Egal, welche Form die Blase zu Beginn hatte, sie formt sich immer zur Kugel.

MATERIAL

- Wasser
- flüssiges Geschirrspülmittel
- großer, flacher Behälter
- Maissirup (z. B. im Reformhaus)
- Baumwollschnur, ø 1–2 mm, ca. 50 cm lang
- Strohhalme
- Schere

SCHRITT FÜR SCHRITT

1. Für die Seifenblasenflüssigkeit vermischst du zehn Tassen Wasser, vier Tassen flüssiges Spülmittel und eine Tasse Maissirup in einem flachen Behälter. Du kannst auch fertige Seifenblasenflüssigkeit verwenden.
2. Schneide an zwei Strohhalmen die Knicke ab. Fädle die Baumwollschnur durch die beiden Strohhalme und verknote sie. So entsteht ein Puste-Rechteck mit den Strohhalmen als lange und der Schnur als kurze Seiten.
3. Halte das Puste-Rechteck an den Strohhalmen so fest, dass die Schnur entspannt ist. Tauche es in die Seife ein. Nimm es heraus und ziehe die Strohhalme auseinander, sodass die Schnur gespannt ist. Jetzt kannst du in das Rechteck pusten und die Seifenblasen fliegen durch die Luft. Wenn du die Form des Rechtecks veränderst, ändern sich auch die Formen deiner Seifenblasen (siehe Foto oben rechts).

WINDMESSER

An einem windigen Tag macht es richtig Spaß, einen Drachen steigen zu lassen. Genauso spannend ist es aber, den Wind etwas genauer zu untersuchen. Aus welcher Richtung kommt er? Und mit welcher Geschwindigkeit? Zwei selbstgebaute Messinstrumente helfen dir, das herauszufinden.

Wusstest du schon?

Das Gerät, mit dem Wetterexperten die Windgeschwindigkeit messen, nennt man Anemometer. Wie funktioniert es? Der Wind fährt in die Becher und treibt das Windrad an, sodass es sich dreht. Die Anzahl der Umdrehungen kann man in Geschwindigkeit umrechnen. Wie das geht, erfährst du auf Seite 217.

ANEMOMETER – SO GEHT'S

MATERIAL

- Acrylfarbe in Blau und Pinsel
- Holzbrett, 20 cm x 20 cm
- Rundholz, ø 1 cm, 25 cm lang
- 2 Balsaholzleisten, 2,5 cm breit, je 35 cm lang
- Holzleim
- Geodreieck
- Cuttermesser
- 4 kleine Pappbecher
- farbiges Klebeband
- Pinnadel
- Landkartennadel
- Bohrmaschine

SCHRITT FÜR SCHRITT

1. Bemale alle Holzteile mit Acrylfarbe. Stich mit einer Pinnadel genau in die Mitte der beiden Balsaholzleisten ein Loch. Klebe die Leisten an dieser Stelle mit Holzleim im rechten Winkel aufeinander. Miss den Winkel mit dem Geodreieck. Stich die Pinnadel durch das Mittelloch.

2. Schneide mit dem Cuttermesser in die Pappbecher je zwei genau gegenüberliegende Schlitze. Lass dir von einem Erwachsenen helfen. Umklebe einen Becher mit einem Streifen farbigem Klebeband. Schiebe die Leistenenden durch die Schlitze in den Bechern. Alle Becheröffnungen zeigen in dieselbe Richtung.

3. Stich in ein Ende des Rundholzes mit der Pinnadel ein Loch. Setze das Leistenkreuz auf das Rundholz, entferne die Pinnadel und stecke es mit einer Landkartennadel fest. Das Kreuz muss sich leicht drehen. Bohre ein 1 cm breites Loch in die Mitte des Holzbretts. Lass dir von einem Erwachsenen helfen. Klebe das Rundholz hinein und lass alles gut trocknen.

4. Um die Windgeschwindigkeit zu berechnen, zählst du die Umdrehungen in 20 Sekunden. Orientiere dich an dem Becher mit dem farbigen Klebeband. Teile die Anzahl durch fünf und du erhältst die Windgeschwindigkeit in Stundenkilometern.

Wusstest du schon?

In Europa weht der Wind meist aus Nordwest. Bläst die Luft aus einer anderen Richtung, bedeutet das meist einen Wetterwechsel. Beobachte mit deinem Windvogel die Windrichtung und sage das Wetter voraus!

WINDMESSER – SO GEHT'S

MATERIAL

- Acrylfarbe in Weiß und Blau
- Pinsel
- Holzbrett, 20 cm x 20 cm
- Rundholz, ø 1 cm, 25 cm lang
- Buchstabenschablonen oder -stempel „N", „S", „O", „W"
- Bohrmaschine
- Holzleim
- Bleistift
- Windradfolie, 0,3 mm stark
- Schere
- klarer Bastelkleber
- Pinnnadel
- Landkartennadel
- Kompass

Vorlagen Seite 335

SCHRITT FÜR SCHRITT

1. Bemale alle Holzteile mit weißer Acrylfarbe. Gut trocknen lassen. Trage die Buchstaben für die Windrichtungen mit der Schablone und blauer Acrylfarbe auf die Ecken des Bretts auf. Die Reihenfolge im Uhrzeigersinn: N (Norden), O (Osten), S (Süden), W (Westen). Bohre ein 1 cm starkes Loch in die Mitte des Bretts. Klebe das Rundholz mit Holzleim hinein. Trocknen lassen.
2. Übertrage den Vogel von der Vorlage auf die Windradfolie und schneide ihn aus. Knicke die gestrichelten Kanten und klebe die Laschen an der Unterseite mit Bastelkleber zusammen. Stich mit der Pinnnadel in die Spitze des Rundholzes ein Loch. Balanciere den Vogel darauf aus und stecke ihn mit der Landkartennadel fest, sodass er sich frei dreht.
3. Richte die N-Ecke des Bretts mit dem Kompass nach Norden aus. Der Vogel wird sich jetzt in die Wind-Richtung drehen.

STARKE STÄRKE

Was bei diesem Experiment passiert, glaubst du nicht, wenn du es nicht mit eigenen Augen gesehen hast. Ein Brei aus Maisstärke und Wasser hat die bemerkenswerte Eigenschaft, fest und zugleich flüssig zu sein. Du kannst ihn durch deine Finger rinnen lassen oder ihn ausgießen. Schlägst du jedoch mit deiner Faust darauf, wird der Brei augenblicklich hart wie Stein.

SO GEHT'S

Wusstest du schon?

Die Stärketeilchen sorgen dafür, dass der Brei fest wird. Sie sind kantig und lösen sich nicht in Wasser auf. Tauchst du deine Hand langsam in den Brei, werden sie verdrängt. Bei schneller Bewegung können sie nicht schnell genug ausweichen. Sie verhaken sich und die Oberfläche wird fest.

MATERIAL

- Schüssel
- Maisstärke
- Wasser

SCHRITT FÜR SCHRITT

1. Gib eine Tasse Maisstärke und eine halbe Tasse Wasser in eine Schüssel. Rühre die Mischung mit deinen Händen so lange um, bis eine dicke Masse entstanden ist. Ist sie zu krümelig, gib noch einen Teelöffel Wasser dazu. Wasche dir die Hände.

2. Balle nun eine Faust und schlage damit auf die Oberfläche der Masse. Was passiert? Der Brei wird augenblicklich fest, und deine Hand dringt nicht in den Brei ein. Tauche anschließend deine Hand langsam in die Masse. Nun ist die Masse ganz weich und rinnt zähflüssig durch deine Finger.

BACKPULVER-BALLON

Kannst du einen Luftballon aufblasen, ohne hineinzupusten? Hier erfährst du, wie das geht. Essig und Backpulver vermischen sich in der Glasflasche. Es gibt eine chemische Reaktion, bei der das Gas Kohlendioxid entsteht. Das Gas will aus der Flasche entweichen, strömt in den Ballon und bläst ihn auf.

SO GEHT'S

MATERIAL

- ¼ Tasse Essig
- 1 TL Backpulver
- Glasflasche
- Trichter
- Luftballon

SCHRITT FÜR SCHRITT

1. Fülle den Essig in die Flasche.
2. Fülle das Backpulver mit einem Trichter in den Luftballon.
3. Ziehe die Öffnung des Ballons vorsichtig über die Flaschenöffnung. Lass den Ballon an der Seite herunterhängen und achte darauf, dass das Backpulver nicht herausrieselt.
4. Lass nun das Backpulver aus dem Ballon in die Flasche rieseln und beobachte, wie sich der Ballon von allein aufbläst.

SONNENSYSTEM IM KINDERZIMMER

Träumst du davon, als Astronaut in den Weltraum zu reisen? Wenn die Sonne, die Erde und die sieben anderen Planeten von deiner Zimmerdecke hängen, kannst du ganz bequem von deinem Bett aus ins All fliegen. Ordne die Planeten in der richtigen Reihenfolge und in den entsprechenden Abständen von der Sonne an und hole dir so den Weltraum in dein Kinderzimmer.

Wusstest du schon?
Obwohl die Sonne nur ein mittelgroßer Stern ist, würde die Erde eine Million Mal hineinpassen.

Funkelndes Sternen-Rollo

Für den Sternenhimmel an deinem Fenster brauchst du ein nachtblaues Rollo. Drucke aus dem Internet einige Sternbilder aus, zum Beispiel Orion oder Taurus (Stier). Vergrößere sie am Kopierer auf die passende Größe für dein Rollo. Lege die vergrößerten Sternbilder auf den Stoff, ein Stück feste Pappe darunter. Jetzt stanzt du mit Ösenstanzer (oder Lochzange) Löcher für die Sterne aus. Drücke ihn fest durch das Papier und den Rollostoff. Verwende Stanzen in verschiedenen Größen für große und kleine Sterne. Verbinde die Sterne in den Sternbildern mit weißem Gelstift.

Sonne

Als Sonne dient ein Lampenschirm aus gelbem Reispapier. Die Sonnenflecken spritzt du mit Farbe auf. Am besten geht das im Freien. Tauche eine alte Zahnbürste in Wasser und anschließend in rote und orangefarbene Wasserfarbe. Halte die Zahnbürste vor den Lampenschirm und ziehe den Daumen von vorn nach hinten über die Borsten, sodass die Farbe auf die Lampe spritzt.

Wusstest du schon?
Saturn ist der zweitgrößte Planet unseres Sonnensystems. Diesen Riesen mit seinen auffälligen Ringen kannst du in klaren Nächten mit bloßem Auge am Nachthimmel erkennen.

Saturn

Halbiere eine Styropor®-Kugel (ø 20 cm) mit einem großen Messer mit Wellenschliff. Lass dir von einem Erwachsenen helfen. Lege eine Hälfte in die Mitte einer alten Langspielplatte und umfahre sie mit einem Stift. Anstelle der Schallplatte kannst du auch eine kreisrunde Scheibe (ø 30 cm) aus Karton verwenden. Gib Bastelkleber ringförmig auf die Scheibe und streue Glitter in verschiedenen Farben darauf. Trocknen lassen. Male die Saturnoberfläche mit roter, gelber und brauner Acrylfarbe auf die Styropor®-Kugel-Hälften. Stich mit einem Spieß ein Loch in die Halbkugeln und ziehe eine Nylonschnur zum Aufhängen durch eine Hälfte und die Scheibe. Verknote sie unter der Scheibe an einem Zahnstocher. Klebe die Kugelhälften mit Heißkleber auf die Scheibe.

Wusstest du schon?

Der Planet **Merkur** ist auf der der Sonne zugewandten Seite extrem heiß, auf der der Sonne abgewandten Seite extrem kalt. Da er die Sonne sehr schnell umkreist, wurde er nach dem römischen Götterboten benannt.

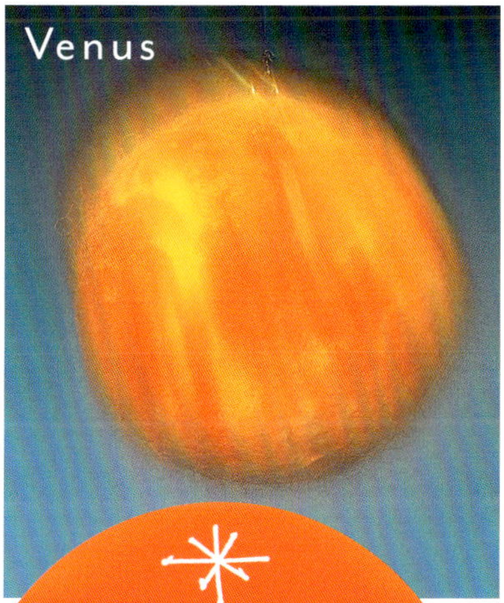

Wusstest du schon?

Der Planet **Venus** ist extrem heiß und von giftigen Schwefelsäurewolken umgeben. Am Nachthimmel ist er nach dem Mond das hellste Himmelsobjekt. Er wurde nach der römischen Liebesgöttin benannt.

Wusstest du schon?

Nur auf unserem Planeten gibt es Wasser und eine Atmosphäre, die Leben ermöglicht. Anders als alle anderen Planeten, ist die **Erde** nicht nach einem Gott benannt. Ihr Name kommt aus dem Germanischen und bedeutet „Boden".

Merkur

Stich ein Loch in einen großen roten Gummiball und bohre eine Ösenschraube als Aufhänger hinein.

Venus

Für den Planeten Venus ist ein gelber Tennisball mit der fusseligen Oberfläche gut geeignet. Tupfe mit einem Schwamm rote und orange Farbe auf. Bohre eine Ösenschraube als Aufhänger hinein.

Erde

Bemale einen Baseball mit blauer Acrylfarbe. Tupfe mit einem Schwamm grüne Farbe für die Kontinente auf. Trocknen lassen. Aus klarem Klebstoff und weißem Glitter werden Wolken. Stich mit einer Ahle ein Loch für die Ösenschraube hinein.

Wusstest du schon?

Als **Uranus** 1781 entdeckt wurde, glaubte man, es sei ein Komet. Er leuchtet wegen seiner Methanhülle grünlich blau. Mehrere Ringe aus dunklen Gesteinsbrocken umgeben den riesigen Eisplaneten.

Wusstest du schon?

Mars ist etwa halb so groß wie die Erde. Forscher haben Spuren von Wasser auf dem Mars gefunden und halten es für möglich, dass es dort einst Leben gab. Er wird wegen seiner rostroten Farbe auch der Rote Planet genannt.

Jupiter

Trage auf eine Styropor®-Kugel (ø 25 cm) Bastelkleber auf und streue streifenförmig Farbsand in Braun und Dunkelorange auf. Für den ovalen Großen Roten Fleck verwendest du Sand in Orange. Spitze ein 25 cm langes Rundholz mit einem Anspitzer an einer Seite an, drehe auf der anderen Seite eine Ösenschraube hinein und schiebe das Ganze als Aufhänger in die Kugel.

Wusstest du schon?

Jupiter, den größten aller Planeten, benannten die Römer nach ihrem höchsten Gott. Der Große Rote Fleck auf seiner Oberfläche ist ein seit mehr als 100 Jahren wütender Wirbelsturm.

Uranus

Uranus entsteht aus einem blauen Gummiball (ø 15 cm). Bemale einen Holzstickrahmen (ø 15 cm) in Silber. Trocknen lassen. Trage Klebstoff auf und streue Glitter darüber. Befestige den Rahmen vertikal an dem Ball. Der Verschluss dient als Aufhänger.

Mars

Bemale einen Golfball mit roter Acrylfarbe. Trocknen lassen. Lass einen Erwachsenen ein kleines Loch hineinbohren und schraube eine Ösenschraube als Aufhänger hinein.

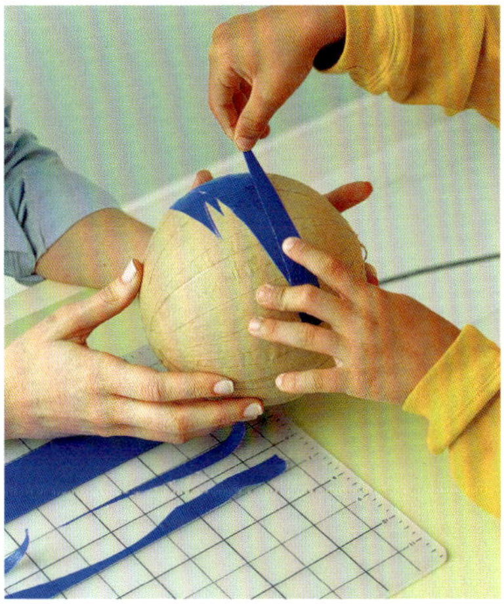

Neptun

Grundlage für Neptun ist eine fertige Pappmaschee-Kugel. Schneide mit einem Cuttermesser wellige Streifen aus Gewebeklebeband zu und klebe sie überlappend auf. Lass dir von einem Erwachsenen helfen. Klebe einen großen und einen kleinen dunkelblauen Klebepunkt auf. Das sind die Wirbelstürme. Bestreiche einige Stellen mit Klebstoff und streue silbernen Glitter als Wolken auf. Stecke eine Ösenschraube als Aufhänger hinein.

Wusstest du schon?

Die blaue Farbe bekommt **Neptun** von den dicken Wolken aus Methangas, die ihn umgeben. Auf seiner Oberfläche toben heftige Stürme. Der weit entfernte Eisriese ist nach dem römischen Meeresgott benannt.

BLÄTTER-ALBUM

Im Herbst macht das Blättersammeln besonders viel Spaß! Du möchtest die wunderschönen roten, gelben, braunen und grünen Kunstwerke gern aufbewahren? Dann trockne sie in einer Blätterpresse oder fertige hübsche Rubbelbilder an.

Blätter ordnen
Wenn du von deiner Expedition zurück bist, kannst du die Blätter nach Farben, Formen oder Größe sortieren.

SO GEHT'S

MATERIAL

- wiederverschließ-bare Plastikbeutel
- Baumbestim-mungsbuch
- Küchentücher, Karton und Gummi-spanner (für die Blätterpresse)
- Lupe
- Buntstifte und Anspitzer
- Notizbuch und Radiergummi
- Rucksack
- Kompass

Blätterpresse für unterwegs

Schneide zwei Stücke Karton in der Größe eines Küchentuchs zu. Lege zwei Küchentücher auf eine Kartonscheibe. Darauf legst du eine Schicht mit zu trocknenden Blättern. Bedecke die Blätter mit einem Küchentuch und lege eine weitere Schicht Blätter darauf. Auf die letzte Blätterschicht legst du zwei Küchentücher und den zweiten Karton. Spanne den Gummispanner darum. Zu Hause kannst du den Spanner entfernen und die Presse mit Büchern beschweren. Lass die Blätter eine Woche trocknen.

Rubbelbilder

Lege ein Baumblatt flach unter ein Blatt Papier in deinem Notizbuch. Halte einen Buntstift schräg und schraffiere über das Blatt, sodass sich die Blattstruktur mit ihren Adern abzeichnet. Toll sehen auch Rubbelbilder von der Baumrinde aus!

SAFARI-TERRARIUM

Bist du bereit für ein echtes Safari-Abenteuer? Dann baue dir dieses Terrarium und hole die Wildnis in dein Kinderzimmer. In einer Fantasie-Landschaft aus Steinen, Erde und echten Pflanzen werden sich Zebras, Giraffen, Leoparden und Elefanten auf jeden Fall wohlfühlen. Und wenn deine Safari beendet ist, schmückt das Terrarium dein Kinderzimmer.

SO GEHT'S

Tipps

- Da in deinem Terrarium echte Pflanzen leben, solltest du es mit der Sprühflasche immer feucht halten. Stelle es daher nicht in direktes Sonnenlicht oder in die Nähe einer Heizung. Eine Fensterbank auf der Nordseite ist ideal.
- Überprüfe regelmäßig, ob die Pflanzen genügend Feuchtigkeit haben. Wenn du regelmäßig Wasser hineinsprühst und die Erde trotzdem schnell austrocknet, könnte die Abdeckung undicht sein, denn das Wasser verdunstet ständig. Beschlagen die Scheiben, lass die Abdeckung einfach einen Tag lang offen.
- Achte darauf, dass die Pflanzen nicht zu groß werden oder sich vermehren.
- Sammle gelbe oder abgefallene Blätter auf und schneide alle Triebe ab, die die Glaswände berühren. So verhinderst du, dass sich Bakterien zu stark vermehren und die Pflanzen krank machen. Schneide zu groß gewachsene Pflanzen zurück oder ersetze sie durch kleinere.

MATERIAL

- Aquarium mit Deckel, 10 l Inhalt
- Schotter
- Aktivkohle (erhältlich im Aquaristikgeschäft)
- Blumenerde
- Torf
- Sand
- Löffel
- Bonsai-Baum
- Glaspflanzen
- Sprühflasche
- Stein
- Spielzeugtiere

SCHRITT FÜR SCHRITT

1. Fülle eine 2 cm hohe Schicht Schotter in das Aquarium. Darüber gibst du eine 0,5 cm hohe Schicht Aktivkohle.
2. Vermische zwei Teile Blumenerde, zwei Teile Torf und einen Teil Sand miteinander. Fülle das Gemisch in das Aquarium und drücke es leicht an. Grabe mit dem Löffel Löcher für die Pflanzen.
3. Nimm die Pflanzen aus dem Topf und pflanze sie in die Löcher. Achte darauf, dass sie nicht tiefer als in ihrem Topf in der Erde sitzen. Drücke die Erde leicht an. Setze einen Stein und die Tiere in die Landschaft. Decke das Aquarium ab und sprühe von Zeit zu Zeit Wasser für die Pflanzen hinein.

FENSTERBANK-GARTEN

Samen beim Keimen zuzusehen und zu beobachten, wie die Pflanzen nach und nach Wurzeln und Blätter ausbilden, grenzt an Zauberei. Um dieses Wunder der Natur live zu erleben, pflanzt du Erbsen- oder Bohnensamen in Gläser. So siehst du genau, wie sich die Samen unter der Erde entwickeln und die Pflanzen schon nach wenigen Tagen grüne Blätter austreiben.

SO GEHT'S

Tipp

Du kannst die Samen wie in Schritt 1 oder in Schritt 2 und 3 beschrieben keimen lassen. Sobald vier oder fünf Blätter wachsen, pflanzt du sie in einen Topf mit Blumenerde um.

MATERIAL

- Gläser in verschiedenen Größen
- Blumenerde
- Samen, z. B. Bohnen, Erbsen
- Küchentücher
- Plastiktüte

SCHRITT FÜR SCHRITT

1. Fülle ein Glas mit Blumenerde. Stecke am Glasrand zwei Samen 2–3 cm tief in die Erde. Gut feucht halten.
2. Wenn du die Samen zwischen zwei Gläser pflanzt, kannst du sie besonders gut beim Keimen beobachten. Kleide ein Glas am Rand mit feuchten Küchentüchern aus. Lege einen Erbsen- oder Bohnensamen zwischen Glas und Tuch. Stelle ein kleineres Glas in das große, um Tücher und Samen an ihrem Platz zu halten (Samen in feuchten Tüchern keimen auch in einem Plastikbeutel).
3. Stelle die Gläser ins Dunkle, bis die Samen keimen, dann an einen hellen Platz. Immer gut feucht halten.

TRICKFILME

Hast du Lust, eigene Filme zu drehen? Für kleine Filme brauchst du keine komplizierte Kamera. Mit einem Kniff kannst du aus einzelnen Bildern Trickfilme machen. Wunderrad, Wunderscheibe und Daumenkino funktionieren alle nach demselben Prinzip. Du lässt die Einzelbilder schnell an deinem Auge vorbeilaufen und gaukelst ihm dadurch bewegte Bilder vor.

WUNDERSCHEIBE – SO GEHT'S

Wusstest du schon?

Die **Wunderscheibe**, auch Thaumatrop genannt, ist die einfachste Form eines Films. Sie besteht nur aus zwei Bildern. Durch das Drehen der Scheibe wechseln sich die Bilder so schnell ab, dass das Auge die Einzelbilder nicht mehr unterscheiden kann. Sie verschmelzen miteinander. Dadurch entsteht die Illusion, dass der Vogel im Käfig sitzt oder der Fisch im Wasserglas.

MATERIAL

- Fotokarton in Weiß
- Schere
- Klebeband
- 2 Holzrundstäbe, 25 cm lang
- Bastelkleber

Vorlagen Seite 336

SCHRITT FÜR SCHRITT

1. Klebe die Farbkopien (z.B. Vogel/Käfig, Fisch/Glas) der Vorlagen auf weißen Fotokarton und schneide die Kreise aus. Du kannst dir auch selbst zwei Motive ausdenken und sie auf zwei Scheiben aus Fotokarton malen.
2. Klebe den Rundstab mit Klebeband als Griff auf den Rücken einer Kartonscheibe. Klebe die zweite Scheibe mit Bastelkleber von hinten dagegen. Lass den Rundstab zwischen deinen Handflächen wirbeln. Siehst du den Vogel im Käfig und den Fisch im Glas?

Wusstest du schon?

Wenn du ein sich drehendes Wunderrad von vorn betrachtest, siehst du alles nur verschwommen. Damit es funktioniert, musst du es von hinten durch die Schlitze im Spiegel anschauen.

WUNDERRAD – SO GEHT'S

MATERIAL

- Bleistift
- Fotokarton in Weiß und Schwarz
- Aufkleber in verschiedenen Farben und Formen
- Filzstifte, Farben nach Wunsch
- Bastelkleber
- Schere
- Reißzwecke
- Bleistift mit Radiergummi

Vorlagen Seite 337

SCHRITT FÜR SCHRITT

1. Klebe die Farbkopie der Vorlage auf weißen Fotokarton und schneide den Kreis aus. Wenn du dein eigenes Wunderrad mit Aufklebern gestalten möchtest, benutze die Vorlage als Schablone. Klebe und zeichne zwölf aufeinander folgende Bilder auf, bei denen das erste und das letzte jeweils identisch sind. Verändere immer eine Kleinigkeit (siehe Foto oben links).
2. Klebe die Scheibe auf schwarzen Fotokarton und schneide sie wieder aus. Schneide auch die zwölf Schlitze am Rand ein.
3. Stich die Reißzwecke durch die Mitte der Scheibe in den Radiergummi am Ende des Bleistifts. Die Scheibe soll sich frei drehen. Halte sie vor einen Spiegel und schaue beim Drehen von hinten durch die Schlitze.

Bewegte Bilder Beginne am Anfang mit einfachen Daumenkinos. Lass einen Ball über eine Wiese rollen oder ein Auto an einem Haus vorbeifahren. Stempel sind dafür praktisch, weil du dann das Objekt nicht mehrere Male zeichnen musst.

Wusstest du schon?

In den Anfängen des Kinos nannte man Filme **bewegte Bilder**. Dabei bewegt sich in Filmen eigentlich nichts. Filme beruhen vielmehr auf einer Täuschung des Auges. Sie sind aus vielen Einzelbildern zusammengesetzt, die rasend schnell nacheinander abgespielt werden. Ab einer gewissen Anzahl von Bildern pro Sekunde kann das Auge die Einzelbilder nicht mehr unterscheiden. Die Bilder fließen ineinander und täuschen Bewegungen vor. Filme entstehen also nur in unserem Kopf!

DAUMENKINO – SO GEHT'S

MATERIAL

- Karteikarten oder kleiner Schreibblock
- Stempel, Aufkleber, Fotos
- Buntstifte oder Filzstifte
- Klemme

SCHRITT FÜR SCHRITT

1. Überlege dir eine Szene für dein Daumenkino.
2. Jetzt gestaltest du die Karteikarten oder die Seiten des Schreibblocks nacheinander mit einzelnen Bildern. Du kannst sie zeichnen, stempeln oder eine Fotoserie verwenden. Beginne mit dem ersten Bild und verändere die Bilder auf jeder folgenden Seite immer nur ein wenig. Sollen sich Dinge bewegen, verschiebe sie immer nur um etwa 3–5 mm. Sind die Bewegungen noch nicht geschmeidig, fügst du einfach Zwischenbilder mit geringeren Veränderungen ein.
3. Klemme die Karteikarten zusammen. Um deinen Film anzusehen, blätterst du die Seiten ganz schnell nacheinander durch.

Tipp

Die Veränderungen der Bilder dürfen von Seite zu Seite nur sehr klein sein. Auf dem Foto oben links siehst du einzelne Bilder eines Daumenkinos. Der Fisch ist aus dem Wasser gesprungen. Auf den nächsten beiden Bildern ist er etwas weiter und tiefer in der Luft. Er taucht mit der Schnauze zuerst ins Wasser und schwimmt auf dem letzten Bild weiter.

airmail
PASSPORT
VIET NAM
10
USA 29
Giraffe
USA 29
Giant Panda
USA 29
Flamingo
Cuba
correos
10
1997
PEANUTS
USA 34

6

Für Sammler und Schatzhüter

Hier kommt ein Schwung an Ideen, wie du deine gesammelten Schätze und Erinnerungen aufbewahren kannst und garantiert nie wieder suchen musst.

LEPORELLO-SCHACHTELN

Mini-Schachteln aus Pappe sind ideal, um kleine Schätze wie Briefmarken, Aufkleber oder Knöpfe aufzubewahren. Zur Ziehharmonika gefaltete Papierstreifen, die du in die Schachteln klebst, schaffen nicht nur Ordnung, sondern eignen sich auch zur Präsentation deiner Kostbarkeiten (siehe Seite 242).

So geht's Schneide einen Streifen aus Tonpapier zu: die Länge nach Wunsch, die Breite etwas schmaler als die Schachtellänge. Falte den Streifen so zur Ziehharmonika, dass er gut in die Schachtel passt. Klebe die erste Seite in die Schachtel, die letzte in den Deckel. Dann klebst du deine Schätze auf.

ERINNERUNGSBÜCHLEIN

Deine letzte Geburtstagsfeier, einen aufregenden Urlaub, ein Treffen mit deiner besten Freundin – schöne Erinnerungen möchte man bewahren. Bastle dir für jede Erinnerung ein Mini-Album, mit Fotos oder Notizen. Die einzelnen kleinen Erinnerungsbüchlein kannst du anschließend in einem großen Album sammeln.

So geht's

Mit Ecken und einem Buchrücken in anderen Farben sieht dein Erinnerungsbüchlein toll aus. Befestige eine Musterklammer auf der Vorderseite und einen Bindfaden auf der Rückseite als Verschluss.

REISE-ANDENKEN

Bringst du dir auch so gern Erinnerungsstücke von euren Reisen mit nach Hause? In einer hübsch gestalteten Holzkiste sind Eintrittskarten, Aufkleber, Steine, Muscheln oder Kiefernzapfen gut aufgehoben.

Erinnerungskiste

Klebe eine Landkarte, auf der du deine Reiseroute mit einem Leuchtstift markiert hast, in den Boden der Kiste. Beschrifte deine Fundstücke auf kleinen Anhängern mit Datum und Fundort. Beklebe die Innen- und die Außenseite der Kiste mit schönem Papier und notiere auf einem Aufkleber, was sich darin befindet, sodass du den Inhalt immer schnell wiederfindest.

Ring-Bücher Du willst nicht warten, bis du wieder zu Hause bist? Mit Bürohefter und Schlüsselring fügst du deine Postkarten, Fotos und Zeichnungen schon unterwegs zu kleinen Ringbüchern zusammen. In kleinen Briefumschlägen kannst du Erinnerungsstücke sammeln. Markiere sie mit farbigen Punkten und ordne sie so den Fundorten auf der Land- oder Wanderkarte zu.

NAUTISCHES DIORAMA

Verwandle eine leere Sardinendose in eine kleine Bühne für Muschelschalen, Schneckenhäuser, schön geformte Steine und andere Fundstücke von deinem letzten Strandspaziergang. Mit ausgeschnittenen Fotos von Fischen, einem Leuchtturm, einem Segelboot, einem Stück Mullbinde als Fischernetz und einigen typischen Strand- und Meerestieren aus Plastik wird der nautische Schaukasten perfekt.

SO GEHT'S

MATERIAL

- leere, saubere Sardinendosen oder andere flache Konservendosen
- Karton
- Seekarten
- Muscheln, Steine, Zweige, Spielzeugtiere, Mullbinde, ausgeschnittene Bilder von Fischen und Leuchtturm
- Sand
- Baumwollkordel
- Tonpapier in Blau
- Gewebeband
- Schere
- Bleistift
- Bastelkleber

SCHRITT FÜR SCHRITT

1. Lege die Dose auf die Seekarte und auf den Karton, umfahre sie mit Bleistift und schneide die Form aus. Klebe Kartenausschnitt und Karton als Hintergrund in die Dose.
2. Klebe Tiere, Mullbinde als Netz, Fotos usw. auf die Dose. Schneide für den schwimmenden Fisch einen 2 cm langen Fotokartonstreifen zu, knicke die Enden um und klebe ein Ende an die Rückseite des Fischs, das andere in den Karton.
3. Trage Bastelkleber auf den unteren Rand des Dioramas auf und streue Sand darauf. Schneide Wellen aus blauem Tonpapier zu, lass an der Unterseite zwei Laschen stehen und klebe sie damit am Boden fest. Klebe Muscheln oder eine Kordel auf den Dosenrand. Befestige einen Aufhänger mit Gewebeband auf der Rückseite.

REISE-SCHATZKISTE

Die Andenken an deine letzte Reise sind zu schade, um sie in der Schublade verschwinden zu lassen. Bastle dir eine echte Schatzkiste dafür, die du mit Segelbooten aus alten Briefmarken und einigen Strandfundstücken verzierst.

MATERIAL

- Pappschachtel mit Klappdeckel
- Wasserfarbe, Pinsel
- alte Briefmarken
- Sand
- Klebstoff

SCHRITT FÜR SCHRITT

1. Male auf die Deckelinnenseite mit Wasserfarben das Meer. Schneide alte Briefmarken zurecht und klebe daraus Segelboote und eine Sonne.
2. Fülle etwas Sand in die Schachtel und dekoriere das Innere mit deinen Schätzen und Andenken.

SOUVENIR-GLÄSER

Große Einmachgläser sind spannende Schaufenster für deine Reise-Andenken und Sammelsachen. Arrangiere die Stücke in einem Glas mit großer Öffnung und beschrifte es mit dem Datum deiner Reise. Ist die Öffnung des Glases zu eng, kannst du die Objekte mithilfe einer Drahtschlinge hineinsetzen. Auf deinem Regal sind diese Deko-Gläser ein echter Hingucker.

SCHUL-ALBUM

Hier kommt eine praktische und zugleich dekorative Lösung, wie du deine Fortschritte in der Schule von Jahr zu Jahr festhalten kannst. Lege dir für jedes Jahr eine Heftmappe an, in der du Kopien deiner Klassenarbeiten, Zeichnungen, Beurteilungen usw. einheftest. Die Mappe verzierst du mit Geschenkpapier und klebst vorn ein Foto von dir auf.

ORDNUNGSHÜTER

Beklebe leere Zerealienkartons mit Geschenkpapier und zaubere daraus im Handumdrehen schöne und praktische Ordnungshüter für deinen Schreibtisch.

MATERIAL

- leere Zerealienkartons in verschiedenen Größen
- Cuttermesser
- Geschenkpapier oder Dekofolie, Farben und Muster nach Wunsch
- Schere
- doppelseitiges Klebeband

SCHRITT FÜR SCHRITT

1. Schneide die Kartons zusammen mit einem Erwachsenen mit dem Cuttermesser in die entsprechende Form. Schneide große Schachteln für Hefte u. Ä. diagonal ab. An den kleinen Schachteln für Stifte, Schere und Co. schneidest du die obere Seite gerade ab.
2. Schneide ein Stück Geschenkpapier in der passenden Größe zu und klebe es mit doppelseitigem Klebeband auf die Schachteln. Schneide überstehende Ränder und Ecken ab.

PRAKTISCHES MEMOBOARD

Dieses farbenfrohe Memoboard setzt deine Schnappschüsse, Postkarten und Briefe, kleine Kunstwerke und Notizzettel in Szene, ohne dass sie Löcher bekommen, denn sie werden einfach hinter die kreuz und quer gespannten Gummis gesteckt.

MATERIAL

- Acrylfarbe in Gelb
- Pinsel
- Korkbrett, 35 cm x 35 cm
- ca. 10 lange Gummibänder in verschiedenen Farben

SCHRITT FÜR SCHRITT

1. Bemale die Vorder- und Rückseite des Korkbretts. Trocknen lassen.
2. Spanne die Gummibänder horizontal und vertikal über das Brett. Achte darauf, dass sich die Gummibänder überlappen.
3. Stecke Fotos, Briefe und Zeichnungen hinter die Gummis.

LIEBLINGSBÜCHER

In diese Mini-Bücher kannst du deine Lieblingsbücher, Lieblingssprüche oder Lieblingssongs eintragen. Schreibe Gedichte hinein oder verwende sie einfach als Mini-Tagebücher. Die bunten Einbände machen jedes einzelne unverwechselbar. Schneide zwei oder drei Blätter A4-Papier jeweils in vier gleich große Stücke. Lege sie aufeinander. Schneide anschließend einen Umschlag in der passenden Größe zu. Du kannst dafür Geschenkpapier, ein Foto, ein Stück Landkarte, eine Postkarte usw. verwenden. Lege den Umschlag auf die Papierseiten, falte das Ganze einmal in der Mitte und hefte die Seiten in der Mitte mit einem Bürohefter zusammen.

KRIMSKRAMS-SCHACHTELN

Münzen, Schneckengehäuse oder Fundstücke des letzten Waldspaziergangs: Kleiner Krimskrams findet in diesen hübschen Streichholzschachteln ein Zuhause. Scanne den Inhalt, beklebe die Schachteln mit den Bildern und du findest deine Schätze schnell wieder.

Hübsch arrangiert Achte beim Scannen darauf, dass du die Gegenstände so arrangierst, dass das Bild später auf die Schachteloberseite passt. Wähle für helle Dinge einen dunklen Hintergrund. Dunklere Gegenstände kommen vor einem hellen Hintergrund gut zur Geltung.

MATERIAL

- leere Streichholzschachteln in verschiedenen Größen
- Scanner und Drucker
- Tonpapier, Farben nach Wunsch
- Schere
- Klebestift

SCHRITT FÜR SCHRITT

1. Suche eine Streichholzschachtel in der passenden Größe aus.
2. Lege den Inhalt der Schachtel auf einen Scanner, darüber ein Blatt farblich passendes Papier, und scanne ihn.
3. Drucke den Scan aus.
4. Schneide das Papier so zu, dass das Bild auf die Schachteloberseite passt. Klebe das farbige Papier auf die Schachtel und schneide überstehende Ränder ab.

HAUSAUFGABEN-CENTER

Diese aufklappbare Trennwand hilft dir nicht nur, dich auf deine Hausaufgaben zu konzentrieren, sie hält auch noch Schreib- und Bastelutensilien sowie wichtige Notizen bereit.

MATERIAL

- Kartonkiste, ca. 40 cm lang, 30 cm hoch
- Cuttermesser
- Gewebeband, Farbe nach Wunsch
- Klemmen
- lange Gummibänder
- Pinnnadeln

SCHRITT FÜR SCHRITT

1. Entferne mit einem Erwachsenen Ober- und Unterseite sowie eine lange Seite der Kiste mit dem Cuttermesser.
2. Schneide die Höhe passend zu und schräge die Oberkante der Seitenwände leicht ab.
3. Umklebe alle Ränder mit Gewebeband. Spanne die Gummibänder vertikal und befestige die Klemmen am oberen Rand.

MÜNZEN-ZÄHLER

Mit diesen Münzgläsern verlierst du nie mehr den Überblick über dein Taschengeld. Denn jeder Münzwert bekommt ein eigenes Glas. Nimm leere Babybrei- oder Marmeladengläser und bitte einen Erwachsenen, mit dem Teppichmesser einen Schlitz in der jeweiligen Münzgröße in die Deckel zu schneiden. Biege die scharfen Kanten mit einer Spitzzange flach auf die Unterseite des Deckels. Färbe die Deckel mit Sprühlack ein. Lass die Farbe trocknen. Schreibe mit wasserfestem Filzstift und einer Schablone die gewünschten Münzwerte auf die Deckel.

SPARSCHWEINCHEN

Diese Schweinchen lieben es, auf Tischen oder Kommoden herumliegende Münzen zu fressen. Im Laufe der Zeit sammelt sich so ein ansehnlicher Schatz in ihrem Bäuchlein an. Aus leeren Plastikflaschen gemacht, leisten sie sogar einen Beitrag zum Recycling.

MATERIAL

- Tonpapier nach Wunsch
- leere Plastikflasche, ca. 1 l, mit großer Öffnung (ø ca. 4 cm)
- ovale Holzperlen in Weiß, ø ca. 1 cm
- Bastelkleber
- Cuttermesser
- Locher
- Schere

Vorlagen Seite 340

SCHRITT FÜR SCHRITT

1. Schneide aus rotem oder rosa Tonpapier einen breiten Streifen so zu, dass er einmal um die Flasche passt. Klebe den Streifen auf die Flasche. Bitte einen Erwachsenen, mit dem Cuttermesser einen Schlitz für die Münzen in die Flasche zu machen.
2. Schneide mithilfe der Vorlagen die Ohren aus Tonpapier aus. Klebe sie zusammen. Knicke die Unterseite nach hinten und klebe die Ohren an dieser Lasche an die Flasche.
3. Stanze mit einem Locher Augen und Nasenlöcher aus Tonpapier aus. Klebe sie an.
4. Klebe die Holzperlen an der Unterseite des Schweins am Papier an.

ENGLISCHES BLÄTTER-ALPHABET

Lernst du Englisch in der Schule? Wie wäre es dann mit einem englischen Blätter-Alphabet? Aus Blättern, die du im Herbst gesammelt und gepresst hast, klebst du ein zu jedem Buchstaben des Alphabets passendes Bild auf eine Karte und schreibst die englischen Wörter darunter. Ein tolles Projekt für die ganze Klasse!

Bb
butterflies
Cc
Christmas
Dd
deer
Ee
elephant
Ff
fish
Gg
grasshopper
Hh
hair
Ii
insect
Jj
juggler
Kk
kite

Ll

love

Mm

moustache

Nn

necklace

Oo

oranges

Pp

peacock

Qq

quail

Platzmangel?
Du hast nicht genug Platz an der Wand um alle Karten aufzuhängen? Laminiere die Buchstaben-Karten und verwende sie als Tischsets. Oder klebe sie an den langen Seiten als Leporello zusammen.

BLÄTTER-ALPHABET – SO GEHT'S

MATERIAL

- **Herbstblätter in verschiedenen Farben, Größen und Formen**
- **dicke Bücher**
- **Telefonbuch oder Zeitungspapier**
- **26 Blätter Fotokarton in Pastellfarben, A4**
- **Schere**
- **Klebestift oder Bastelkleber**
- **Bleistift und Filzstift in Schwarz**

SCHRITT FÜR SCHRITT

1. Lege die sauberen, trockenen Blätter zwischen die Seiten eines Telefonbuchs oder Zeitungspapier. Beschwere die Schichten mit einigen dicken Büchern. Lass die Blätter auf diese Weise ein bis zwei Wochen trocknen.
2. Überlege dir für jeden Buchstaben ein englisches Wort und ein passendes Bild, das du mit den getrockneten Blättern darstellen kannst (siehe Fotos Seite 260–263). Du kannst Augen mit einem Locher ausstanzen, ein kleines Dreieck als Mund einknipsen oder Blätter zu Flossen, Herzen u.a. zuschneiden.

3. Klebe die Bilder – für jeden Buchstaben eins – auf die 26 Fotokarton-Karten auf. Lege ein Blatt Papier auf die aufgeklebten Blätter, so kannst du sie schön glattstreichen

4. Schreibe nun mit dünnem Filzstift die Wörter auf die Karten. Du kannst einen Erwachsenen bitten, dir vorher mit Bleistift Schreiblinien zu ziehen. Die fertigen Karten solltest du nicht rollen oder knicken, denn trockene Blätter brechen leicht. Am besten hängst du sie an die Wand.

7

Selbstgemachtes verschenken

Ganz gleich, ob es eine Tasche mit Monogramm, eine Schachtel Karamell oder ein gesticktes Familienporträt ist – selbstgemachte Geschenke sind die besten!

GESTICKTE FAMILIENPORTRÄTS

Wie wäre es mit einem Stick-Porträt deiner Familie? Mit Kreuzstichen auf Gittergewebe geht das ganz schnell und einfach und ist auch für Anfänger gut zu schaffen. Die Porträts können Zimmer- und Haustüren schmücken und sind tolle persönliche Geschenke.

the Emersons

FAMILIENPORTRÄTS – SO GEHT'S

Tipps fürs Sticken mit Kreuzstichen

- Zum Sticken benutzt man ein spezielles Gittergewebe, das Stramin genannt wird. Wenn du noch nicht so viel Erfahrung im Kreuzstich-Sticken hast, ist grober Stramin mit 26 oder 30 Löchern pro 10 cm ideal. Darauf kannst du größere Stiche machen. Bei feinerem Stramin mit etwa 56 Stichen pro 10 cm müssen die Stiche kleiner sein.

- Stickgarn besteht aus mehreren gedrehten dünnen Fäden, die du einzeln verwenden kannst. Fädle vier Einzelfäden in die Nadel, wenn du mit grobem Stramin arbeitest. Für feinen Stramin genügen zwei Fäden. Verwende für Rückstiche zwei Fäden für groben und einen Faden für feinen Stramin.

- Zeichne dein Motiv immer erst auf kariertes Papier auf. Ein Kästchen steht dabei für einen Kreuzstich.

- Du kannst dich bei deinen eigenen Entwürfen an den Vorlagen auf Seite 338 und 339 orientieren. Sticke Köpfe von Erwachsenen etwa zehn Kreuzstiche breit, Kinderköpfe etwa neun, Babyköpfe nur drei Stiche breit. Achte darauf, dass du Augenabstand und Mundgröße an die Kopfgröße anpasst.

- Sei vor allem bei der Gestaltung der Haare (Zöpfe, langer Bart) sorgfältig, denn sie sind für viele Personen charakteristisch.

- Knötchenstiche (siehe Seite 145) sind ideal für Babyaugen oder Knöpfe.

- Mit Rückstichen (siehe Seite 145) kannst du prima Details wie Brillengläser, Kopfhörer, Ballon- oder Drachenschnüre sticken.

Tipp

Die Porträts werden umso persönlicher, je mehr Details der jeweiligen Person du darstellst. Eine Schürze, einen Ballon, Kopfhörer oder ein Haustier – all das kannst du mit Kreuzstichen sticken. Auch die Kleidung macht eine Person unverwechselbar.

MATERIAL

- Farbfotos deiner Familie oder Freunde
- Stickgarn, Farben nach Wunsch
- Stramin (Gittergewebe), ca. 15 cm x 15 cm
- Stickrahmen, ø 10,5 cm
- Sticknadel
- kariertes Papier
- Buntstifte
- Radiergummi
- Klebeband
- Stickschere

Vorlagen Seite 338/339

SCHRITT FÜR SCHRITT

1. Übertrage das Motiv entsprechend der Vorlage oder deines Farbfotos auf kariertes Papier (siehe Seite 270). Suche dir die farblich passenden Stickgarne aus. Spanne ein Stück Stramin in den Stickrahmen.
2. Nun beginnst du reihenweise zu sticken. Sticke für jedes Kästchen deines Musters ein Kreuz in das Gittergewebe in der entsprechenden Farbe. Führe die Nadel immer durch die Löcher. Sticke zuerst in jede Reihe diagonale Stiche. Dann stickst du die Reihe zurück und machst die Kreuze komplett.
3. Sichere zum Schluss die Fäden und schneide sie ab. Du kannst dein Porträt im Stickrahmen oder in einem schönen Bilderrahmen aufhängen.

AUFGEPEPPTE BAUMWOLLTASCHE

Langweilige weiße Baumwollbeutel rufen förmlich danach, mit selbstgemalten Bildern aufgepeppt zu werden. Mit Transferpapier zum Aufbügeln geht das ganz flink, und du kannst dasselbe Motiv sogar mehrfach benutzen.

So geht's

Male zunächst ein Bild und scanne es. Drucke das Bild mit dem Tintenstrahldrucker in der passenden Größe auf Transferpapier zum Aufbügeln aus. Schneide das Bild passend zurecht und bügle es auf die Baumwolltasche auf. Lass dir dabei von einem Erwachsenen helfen und beachte beim Bügeln und Fixieren die Herstelleranleitung.

TASCHE MIT MONOGRAMM

Hier kommt das ultimative Accessoire für alle Taschen-Fans: Ein praktischer Shopper mit stylischem Monogramm aus einem schönen Stoff. Der Buchstabe wird mit Vliesofix einfach aufgebügelt – ganz ohne Nähen! Ein tolles Geschenk!

So geht's

Das Schnittmuster für den Buchstaben machst du am Computer. Wähle eine passende Schriftart und Schriftgröße, drucke und schneide den Buchstaben aus. Bügle Vliesofix nach Herstelleranleitung auf die Rückseite des Stoffs. Lege den Buchstaben spiegelverkehrt auf die Papierseite des Vliesofix und umfahre ihn mit Bleistift. Schneide den Stoffbuchstaben aus. Lege den Buchstaben auf die Tasche und bügle ihn auf. Lass dir beim Bügeln von einem Erwachsenen helfen.

KÜNSTLERISCH VERPACKT

Mit ein paar kräftigen Farbklecksen und schwungvollen Pinselstrichen lassen sich selbst die alltäglichsten Gebrauchsgegenstände in künstlerische Accessoires verwandeln. Stiftbehälter für den Schreibtisch, Reisepass oder Flugtickets zieren Hüllen aus moderner Kunst.

SO GEHT'S

Stiftbehälter

Entferne das Etikett von einer leeren, sauberen Konservendose. Scanne oder kopiere einen Ausschnitt eines abstrakten Gemäldes oder male selbst ein Bild. Schneide den Papierstreifen an den Enden etwas überlappend zu und klebe ihn um die Dose.

Reisepasshülle

Scanne oder kopiere einen Ausschnitt eines Bildes. Lege eine transparente Reisepasshülle auf den gewünschten Bildausschnitt und umfahre sie. Schneide das Bild innen ca. 1 mm entfernt von der Markierungslinie aus und schiebe es in die Hülle.

ZUCKERSÜSS VERPACKT

Schokolade, Lollis oder Kaubonbons sind immer willkommene Mitbringsel oder Geschenke für beste Freunde. Hübsch verpackt und verziert schmeckt die Lieblingssüßigkeit garantiert noch besser.

So geht's

Eine Liebeserklärung mit Kaugummi findet deine beste Freundin in dem Streichholzbriefchen (links). Schneide einen Streifen (20 cm x 8 cm) aus gemustertem Fotokarton zu. Falte die schmale Unterkante 2,5 cm nach oben und hefte sie fest. Schreibe deine Botschaft auf die Innenseite und schließe die Klappe. Ersetze die Kaugummipapierchen durch weiße, klebe ein Herz auf und stecke die Kaugummis in das Briefchen.

Schneide mit einer Zickzackschere ein Herz aus Fotokarton aus und klebe einen Lolli drauf (Mitte).

Umwickle einen Schokoriegel mit gemustertem Papier und binde eine Schleife darum (unten).

Weiße Papiertütchen mit aufgeklebten Nostalgiebildern sind eine schöne Verpackung für Kaubonbonstreifen (rechts).

FALT-HERZEN

Der klassische Liebesbrief in neuem Gewand: Hier wird der Briefumschlag selbst zum Valentinsgeschenk.

1

2

3

MATERIAL

- Geschenkpapier mit gemusterter Seite und unbedruckter Seite, A4
- Schere
- Filzstift und Buntstift
- 5 Herz-Aufkleber

SCHRITT FÜR SCHRITT

1. Schneide ein großes Herz aus dem Geschenkpapier aus. Schreibe deine Botschaft auf die unbedruckte Seite. Klebe Herzen dazu oder male welche auf. Falte die linke und die rechte Seite nach innen.
2. Falte die Oberseite zur Mitte. Drehe den Umschlag, sodass die Spitze nach oben zeigt.
3. Falte die Spitze zur Mitte und verschließe die Lasche mit einem Aufkleber.

BONBON-TÜTCHEN

Diese süßen Tüten kommen von Herzen. Gefüllt mit Schokolade und Zuckerperlen, dein Foto auf dem Schildchen und eine Botschaft auf der Rückseite machen sie zu einem ganz persönlichen Geschenk.

So geht's

Drucke ein Bild von dir auf Tonpapier aus. Schneide rechteckige Streifen aus, verwende für die kurzen Seiten eine Zickzackschere. Male Herzen auf und schreibe deine Botschaft auf die Rückseite. Falte die Rechtecke und klebe sie mit doppelseitigem Klebeband oben an die gefüllten Tütchen.

HAARKLAMMERN AUFHÜBSCHEN

Hübsche Haarklammern können Mädchen gar nicht genug haben. Mit ein paar angenähten Knöpfen werden sie zu einem schicken Accessoire und lassen sich wunderbar verschenken.

So geht's

Suche zu den Haarklammern passende Knöpfe in verschiedenen Farben, Größen und Formen aus. Nähe einen oder zwei Knöpfe übereinander an der Spitze der Haarklammer fest. Für ein Blümchen nähst du den Knopf zunächst auf ein grünes Filzblatt auf. Möchtest du die Haarklammern verschenken, schreibst oder stempelst du den Namen deiner Freundin auf eine kleine Karte. Schneide anschließend einen kleinen Schlitz in die Karte, in den du die Haarklammer schiebst.

ÜBERRASCHUNGSHASEN

Du suchst ein kleines Überraschungsgeschenk für eure Osterparty? Hoppla, hier kommt es! Die kleinen Hasen sind aus Krepppapier gewickelt. Wer sie aufwickelt, findet darin kleine Geschenke oder Süßigkeiten.

SO GEHT'S

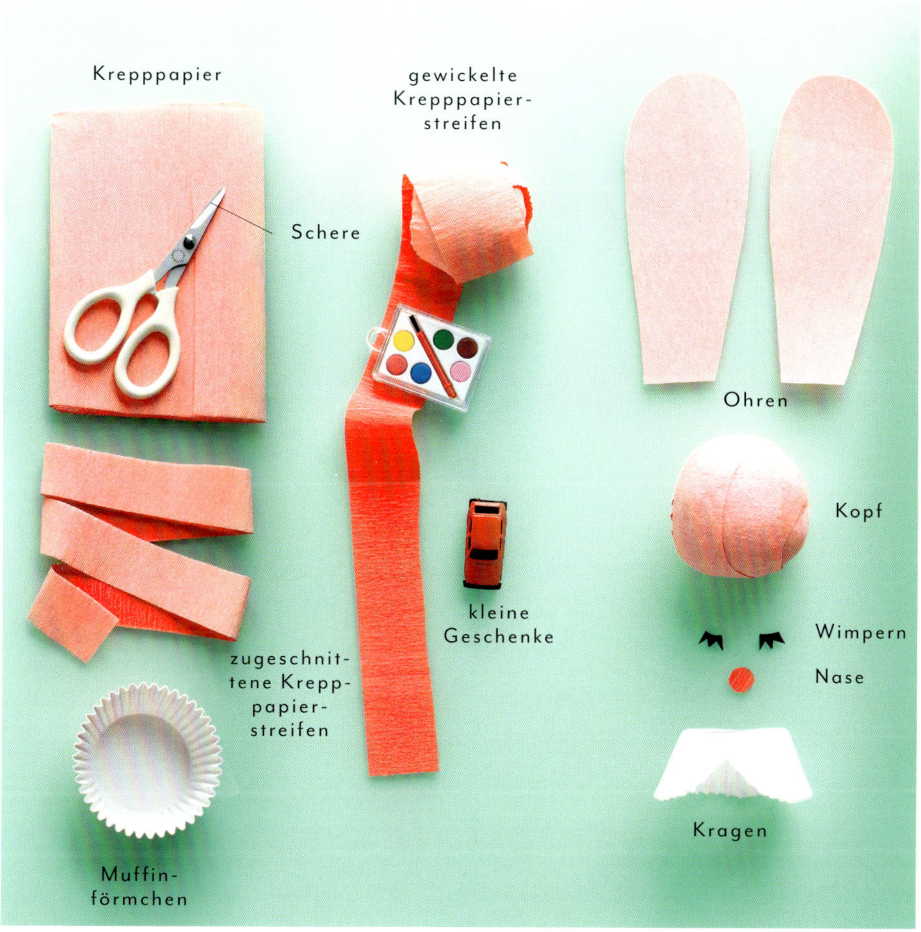

MATERIAL

- Krepppapier, Farben nach Wunsch
- Muffinförmchen
- Niedrigtemperatur-Klebepistole
- kleine Geschenke
- Schere

Vorlagen Seite 340

SCHRITT FÜR SCHRITT

1. Schneide mithilfe der Vorlage zwei Ohren aus Krepppapier aus. Schneide die restliche Krepppapierrolle in 2 cm breite Streifen.
2. Wickle einen Krepppapierstreifen um ein kleines Geschenk. Gib etwas Klebstoff auf das Ende und klebe den nächsten Streifen an. Lege ein weiteres kleines Geschenk ein und umwickle das Ganze weiter mit Krepppapier-streifen, bis der Hasenkopf etwa so groß wie ein Tennisball ist. Klebe das Ende des letzten Streifens mit Klebstoff an.
3. Lege die Ohren an der Unterseite etwas in Falten und klebe sie an den Hinterkopf an. Schneide Wimpern aus schwarzem Papier und eine Nase aus farblich zum Kopf passendem Krepppapier aus und klebe alles an.
4. Schneide den Boden des Muffinförmchens heraus. Schneide den Rand der Form als Kragen zurecht. Setze den Hasenkopf auf die Form und klebe ihn fest.

ÖSTERLICHE WURFKÜKEN

Diese frisch geschlüpften Küken sind eine bezaubernde Osterdekoration. Nach der Ostereiersuche kannst du sie auch prima als kleine Wurf- oder Jonglierbälle verwenden. Denn die süßen Kükenkörper aus Baumwollstoff oder Filz sind mit Trockenerbsen gefüllt.

SO GEHT'S

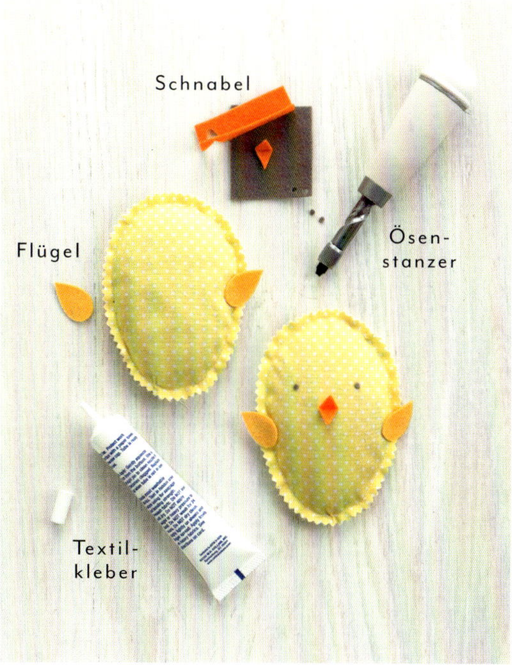

MATERIAL

- gelbe Trockenerbsen
- Filzrest in Gelb oder Baumwollstoffrest in Gelb-Weiß gepunktet und in Weiß (als Futter)
- Filzreste in Rot, Orange und Braun
- Schere
- Trickmarker
- Nähnadel und Nähgarn
- Trichter
- Zickzackschere
- Bügeleisen
- Ösenstanzer
- Textilkleber

Vorlagen Seite 340

SCHRITT FÜR SCHRITT

1. Schneide jeweils zwei 7 cm x 10 cm große Rechtecke aus Filz oder gemustertem und weißem Baumwollstoff zu. Lege die Rechtecke aufeinander – den gemusterten Baumwollstoff mit den schönen Seiten nach außen, zwischen diese Lagen die beiden weißen Stoffstücke. Übertrage die Küken-Vorlage mit Trickmarker auf das oberste Stoffstück. Nähe die Stofflagen 0,5 cm innen von der Markierung entfernt zusammen. Lass eine kleine Öffnung.

2. Fülle Erbsen mit dem Trichter in das Küken. Nähe die Öffnung zu. Schneide das Küken mit der Zickzackschere aus.

3. Falte einen orangefarbenen Filzrest in der Mitte, bügle die Falte. Lege die Schnabelvorlage an der Falte an und schneide den Schnabel aus. Schneide mithilfe der Vorlage zwei Flügel aus. Stich mit dem Ösenstanzer zwei kleine Augen aus. Klebe alle Teile an.

DUFT-PEELING

Diese Duft-Peelings aus Meersalz sind echte Verwöhngeschenke. Sie sorgen nicht nur für eine glatte Haut, sondern mit dem Duft ätherischer Zitrus- oder Lavendelöle auch für Wohlbefinden. Genuss pur!

SO GEHT'S

Tipp

Ätherische Öle werden aus Pflanzen hergestellt und haben einen sehr starken Duft. Daher brauchst du immer nur wenige Tropfen. Für das Peeling gut geeignete Öle sind Zitrus (Grapefruit, Zitrone, Mandarine), Lavendel, Eukalyptus, Pfefferminz, Rosmarin oder Sternanis. Du kannst sie einzeln verwenden oder mischen. Beginne dann mit dem am schwächsten duftenden Öl und gib nach und nach wenige Tropfen von stärker duftenden Ölen hinzu.

MATERIAL

- große Schüssel
- grobes Meersalz
- Bittersalz
- Backnatron (Natriumhydrogencarbonat)
- ätherisches Öl
- Löffel
- Gläser mit Deckel
- Etikett
- bunte Kordel

SCHRITT FÜR SCHRITT

1. Vermische in der Schüssel sechs Teile grobes Meersalz, drei Teile Bittersalz und einen Teil Backnatron.
2. Gib einige Tropfen ätherisches Öl hinzu und rühre die Mischung um.
3. Fülle das Duftsalz in die Gläser und verschließe sie mit einem Deckel. Schreibe schöne Etiketten und befestige sie mit bunter Kordel an den Gläsern.

LIPPENBALSAM

Gegen raue Lippen hilft eine gute Pflege. Die kleinen Blechdosen mit dem modernen Klebepunkte-Design enthalten einen natürlichen Lippenbalsam auf der Basis von Bienenwachs. Duft und Farbe kreierst du selbst.

Tipp

Trägeröle sorgen dafür, dass sich die ätherischen Öle in der Mischung gut verteilen und eine geschmeidige Masse entsteht. Vielleicht findest du Trägeröl sogar in eurem Küchenschrank. Traubenkernöl ist besonders geeignet, da es fast völlig geruchlos ist. Du kannst aber auch Sonnenblumenöl, sehr mildes Olivenöl oder Vitamin-E-Öl verwenden.

SO GEHT'S

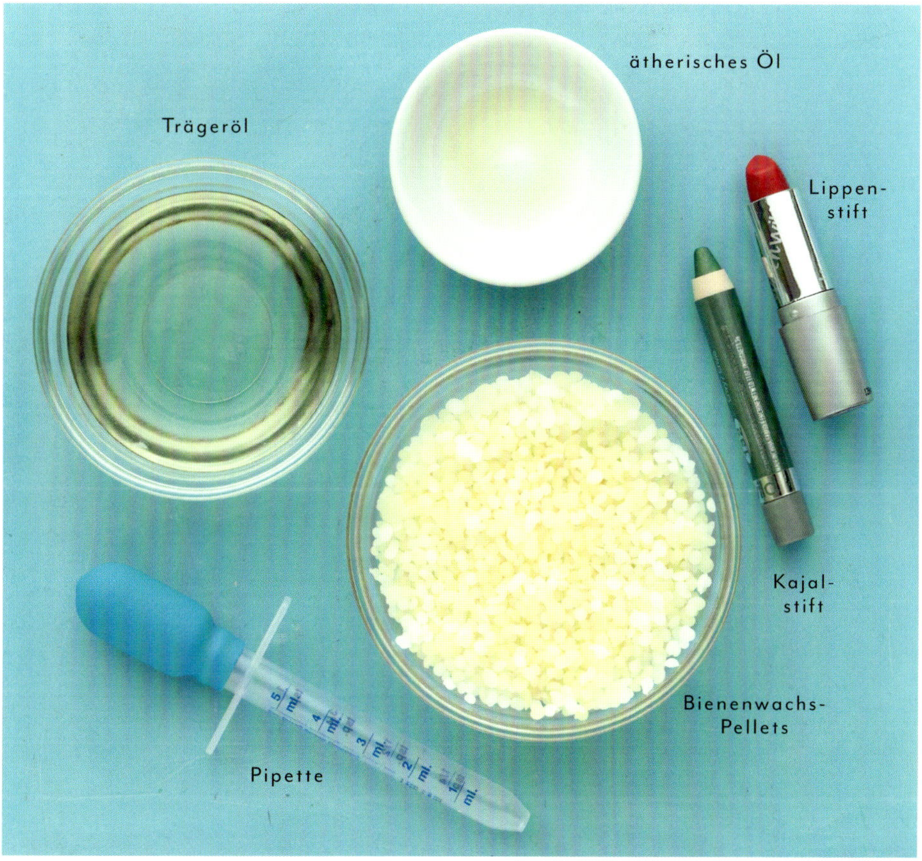

MATERIAL

- 1 TL Bienenwachs-Pellets
- 2 TL Trägeröl
- ätherisches Öl
- Lippenstift und farbiger Kajalstift
- hitzefestes Glasgefäß
- Kochtopf
- Metalllöffel
- Pipetten
- Holzspatel
- Blechdosen mit Schiebedeckel
- Strohhalm
- Messer

SCHRITT FÜR SCHRITT

1. Gib die Bienenwachs-Pellets und das Trägeröl in das Glasgefäß. Erhitze die Mischung mit geschlossenem Deckel im Wasserbad bei mittlerer Hitze. Lass dir von einem Erwachsenen helfen. Nimm das Gefäß heraus, wenn das Wachs geschmolzen ist.
2. Rühre die Mischung mit einem Löffel um. Gib mit der Pipette tropfenweise ätherisches Öl hinzu, bis die gewünschte Duftstärke erreicht ist. Schabe für die Färbung mit dem Holzspatel kleine Raspel von dem Lippenstift und dem Kajalstift ab und rühre sie unter.
3. Fülle den flüssigen Balsam mit einer zweiten Pipette in die Dosen ein und lass ihn eine Stunde hart werden.
4. Jetzt kannst du Muster einarbeiten. Stich mit einem Strohhalm kleine Kreise aus und fülle sie mit andersfarbigem Balsam. Oder du schneidest streifenförmig etwas Balsam weg und füllst die Lücken mit einer anderen Farbe auf.

Tipp

Wenn du Lippenbalsam in mehreren Farben herstellen möchtest, halbiere die Zutaten und bedufte und färbe die Hälften getrennt voneinander. Zitrusöle eignen sich für Lippenbalsam übrigens besonders gut.

KNOPF-RAHMEN

Manche Fotos oder Zeichnungen verdienen einen ganz besonderen Rahmen. Bunte Knöpfe in verschiedenen Größen machen einen schlichten weißen Bilderrahmen zu einem echten Hingucker. Lege die Knöpfe erst alle in einem farbenfrohen Muster auf den Rahmen und klebe sie dann an. So werden Inhalt und Rahmen zu einem Gesamtkunstwerk.

KREATIVER NOTIZBLOCK

Kreative Ideen und Notizen finden Platz auf den Blättern dieses kreativ gestalteten Notizblocks. Die Seiten schmücken kleine Zeichnungen und Botschaften an den Beschenkten. Wer ihn benutzt, wird Blatt für Blatt an dich erinnert.

So geht's

Spanne ein Gummiband um den Notizzettelblock, um die Seiten fest zusammenzuhalten. Auf den beiden freien Seiten kannst du jetzt deine Zeichnungen anbringen. Verwende dafür einen breiten Filzstift; dünne verfangen sich leicht zwischen den Seiten. Spanne anschließend das Gummiband so, dass die anderen beiden Seiten frei für die Gestaltung sind. Verpacke den Block als Geschenk mit einem schönen Band und einem Stift.

BRIEFMARKEN-KUNST

Briefe auf Papier zu schreiben erscheint in Zeiten von E-Mail und SMS vielleicht ein wenig altmodisch. Mit den Briefmarken, die die Umschläge schmücken, lassen sich aber wundervolle Collagen und Kunstwerke zaubern.

SO GEHT'S

Tipp

Alte Briefmarken kannst du von Briefumschlägen ausschneiden. Es gibt sie aber auch in kleinen Tütchen zu kaufen. Briefmarken löst du von Papier ab, indem du sie zehn Minuten in warmem Wasser einweichst. Tupfe sie mit einem Küchentuch trocken.

MATERIAL

- alte Briefmarken
- Küchentücher
- Schere
- Kunstdruckpapier
- Filzstifte
- Wasserfarbe und Pinsel
- Bastelkleber
- dickes Buch
- Bilderrahmen

SCHRITT FÜR SCHRITT

1. Überlege dir ein Motiv für dein Briefmarkenbild und suche die passenden Briefmarken aus. Schneide die Briefmarken bei Bedarf zu und lege sie auf das Kunstdruckpapier auf. Ergänze Hintergründe oder Details mit Wasserfarben oder Filzstift.
2. Klebe die Briefmarken auf. Beschwere dein Bild für einige Stunden mit einem schweren Buch, damit es schön flach wird. Schneide es anschließend passend zu und rahme es.

BONBON-RAKETE

Mit diesen Raketen fängt das neue Jahr gut an, denn die bunten Raumfahrzeuge transportieren eine zuckersüße Fracht. Aus Fotokarton und Seidenpapier geklebt, sind sie ein tolles Mitbringsel für die Silvesterparty.

SO GEHT'S

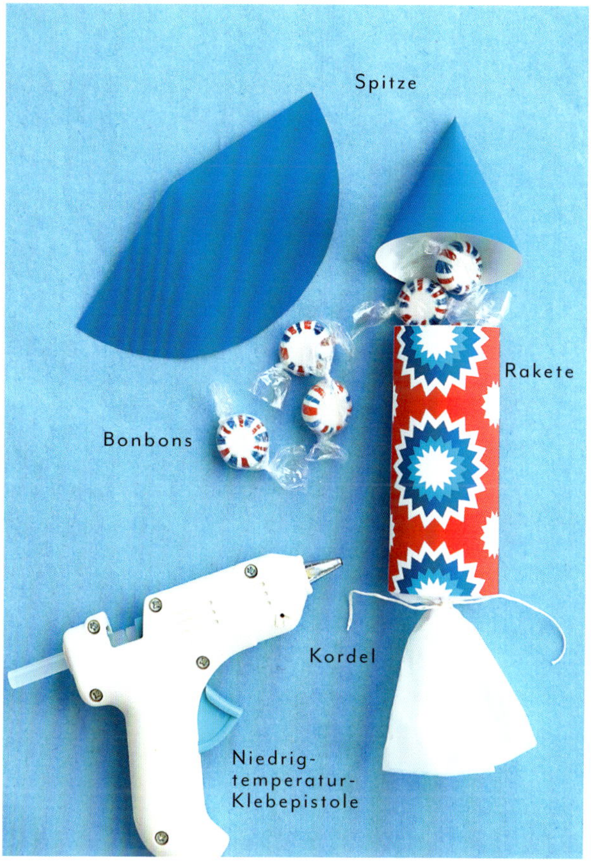

MATERIAL

- Fotokarton in Weiß, A4
- Seidenpapier in Weiß, 20 cm x 15 cm
- Kordel in Weiß
- doppelseitiges Klebeband
- Niedrigtemperatur-Klebepistole
- Schere
- Bonbons zum Befüllen

Vorlagen Seite 340

SCHRITT FÜR SCHRITT

1. Kopiere die Vorlagen auf Fotokarton und schneide sie aus.
2. Lege das Rechteck mit der weißen Seite nach oben. Klebe auf eine lange Seite doppelseitiges Klebeband. Falte das Seidenpapier quer in der Mitte. Klebe die Falte auf das Klebeband.
3. Rolle den Fotokarton zylinderförmig und klebe ihn mit doppelseitigem Klebeband zusammen. Raffe das Seidenpapier und binde es mit einer Kordel ab.
4. Rolle das fächerförmige Kartonteil zur Spitze und klebe es mit der Klebepistole zusammen. Fülle die Bonbons in die Rakete und klebe die Spitze auf. Lass den Kleber gut trocknen.

HALLOWEEN-ANHÄNGER

Saures? Niemals! Gute Freunde bekommen Süßes zu Halloween. Am liebsten schön verpackt in kleinen Papiertütchen, die mit dem jeweiligen Namen versehen werden. Hänge sie zusammen mit unheimlich dreinblickenden Katzenköpfen und lachenden Kürbissen an einen knorrigen Ast und du hast eine schaurig schöne Halloween-Dekoration.

Schauriger Ast Färbe den Ast mit schwarzem Sprühlack ein. Am besten geht das im Freien. Fülle einen Blumenübertopf mit Steinen und stecke den Ast hinein. Bedecke die Steine mit Spanischem Moos und hänge künstliche Spinnweben in die Zweige.

SO GEHT'S

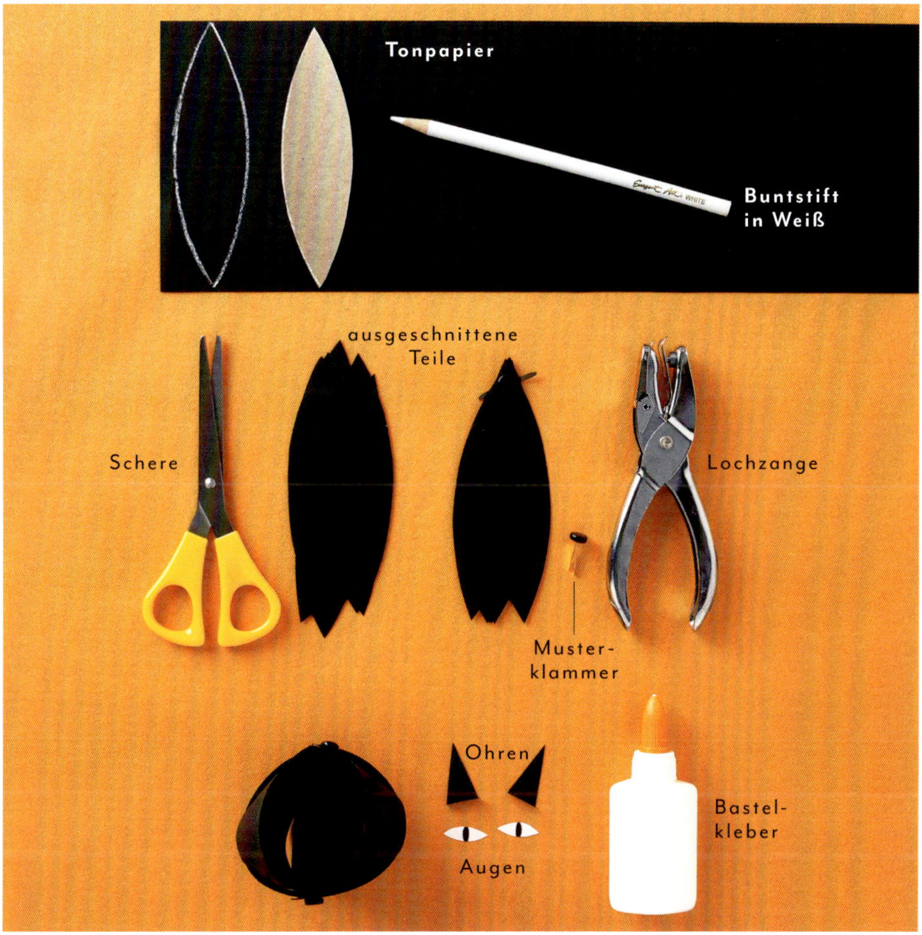

MATERIAL

- Tonpapier in Schwarz, Weiß, Orange und Orange gemustert
- Buntstift in Weiß
- Schere
- Lochzange
- Musterklammern
- Bastelkleber
- Buchstaben-stempel, ca. 1 cm hoch
- Stempelkissen
- Bodenbeutel in Braun, ca. 8 cm x 5 cm
- Zickzackschere
- Süßigkeiten zum Befüllen
- Wollreste in Orange und Schwarz

Vorlagen Seite 341

SCHRITT FÜR SCHRITT

1. Übertrage für Kürbis und Katze die Vorlage mit weißem Buntstift siebenmal auf Tonpapier und schneide die Form aus.
2. Lege immer sieben Teile aufeinander. Stanze in jedes Ende ein Loch und hefte die Teile mit einer Musterklammer zusammen.
3. Biege die Teile halbmondförmig und fächere sie auf. Schneide Augen, Mund und Ohren aus Tonpapier zu. Knicke bei den Ohren eine Klebelasche nach hinten. Klebe alle Teile auf.
4. Stemple Namen auf die Beutel. Schneide mit der Zickzackschere Kreise aus Tonpapier aus. Fülle Süßigkeiten in die Beutel. Falte die Öffnung zweimal nach hinten. Stanze ein Loch an die Stelle und in den Papierkreis. Knote einen Faden als Aufhänger an.

KÜRBISGESICHT-MITGEBSEL

Diese kleinen Baumwolltäschchen mit dem grinsenden Kürbisgesicht sind die perfekte Verpackung für Halloween-Mitgebsel. Aber auch Herbstfrüchte wie Nüsse oder leckeres Gebäck lassen sich darin gut verstauen. Der Kürbis wird mit einem Apfelstempel und Acrylfarbe aufgedruckt.

SO GEHT'S

MATERIAL

- kleiner Apfel
- Acrylfarbe in Orange und Grün
- Baumwollbeutel mit Kordelzug, ca. 6 cm x 9 cm
- Schwammpinsel
- dreieckiger Make-up-Schwamm
- Cuttermesser, Küchenmesser
- Küchentücher
- kleines Handtuch

SCHRITT FÜR SCHRITT

1. Schneide den Apfel außerhalb der Mitte vertikal in zwei Teile. Lass dir von einem Erwachsenen helfen. Schneide mit dem Cuttermesser ein Kürbisgesicht in die kleinere Apfelhälfte.

2. Trockne den Apfel-Stempel mit einem Küchentuch ab. Trage mit dem Schwammpinsel Acrylfarbe in Orange auf. Lege einen Beutel auf das Handtuch und stemple das Kürbisgesicht darauf.

3. Schneide die Spitze des Make-up-Schwamms ab. Tauche sie mit der dreieckigen Seite in grüne Farbe und stemple den Stiel auf den Beutel.

GRUSELGEISTER ZUM ANBEISSEN

Liebevoll verpackte Süßigkeiten stimmen die Halloween-Geister an der Haustür noch gnädiger. Und wenn die Kaubonbons oder Mini-Schokotafeln erst einmal aus ihrer Verpackung verschwunden sind, kommen Totenkopf, Geist und Fledermaus als Fingerpuppen zum Einsatz.

SO GEHT'S

MATERIAL

- Tonpapier in Weiß und Schwarz
- Kaubonbons oder Minischokotafeln
- doppelseitiges Klebeband
- feiner Faserstift in Rot und Schwarz
- Gelstift in Weiß
- Schere
- Bleistift

Vorlagen Seite 341

SCHRITT FÜR SCHRITT

1. Schneide alle Teile mithilfe der Vorlagen aus Fotokarton aus.
2. Wickle die Mini-Kaubonbons oder -schokotafeln in die Fotokarton-Teile für die Körper bzw. den Totenkopf ein. Klebe den Fotokarton mit Klebeband zusammen. Klebe jeweils Knochen, Flügel und Arme an die Körper. Knicke die Fledermaus-Flügel in der Mitte leicht.
3. Male die Gesichter von Totenkopf und Geist mit schwarzem Faserstift, das Gesicht der Fledermaus mit weißem Gelstift und rotem Faserstift, auf.

SCHOKO-SCHNEEMANN

Diese freundlichen Schneemänner haben ein süßes Innenleben. Eine Tafel Schokolade wird in weißem Papier verpackt. Einige Fingerstempelabdrücke und ein Schal aus roter Wolle machen daraus einen winterlichen Gesellen. Ein originelles Mitbringsel in der kalten Jahreszeit.

SO GEHT'S

MATERIAL

- Schokoladentafel
- Papier in Weiß, A4
- Klebeband
- Stempelkissen in Schwarz
- Filzstift in Orange
- Wollrest, Kordel oder Zickzacklitze in Rot
- Schere

SCHRITT FÜR SCHRITT

1. Packe die Tafel Schokolade in weißes Papier ein. Fixiere die Verpackung mit Klebeband. Stemple mit deinem Finger und Stempelkissenfarbe Augen, Mund und Knöpfe des Schneemanns auf das Papier. Male die orangefarbene Nase mit Filzstift auf.
2. Wickle Wolle, Kordel oder Zickzacklitze als Schal um den Schneemann und verknote die Enden.

FRUCHTGUMMI AM STIEL

Ein Nikolaus, ein Schneemann, ein Weihnachtsbaum, Pilze und sogar weihnachtlicher Stechpalmenschmuck werden aus bezuckerten Gummibonbons zu verführerisch süßen Lollis zusammengesteckt. Fülle Zucker in ein großes Einmachglas und stecke die Lollistiele in die Schneelandschaft. Die Gummibonbons sind so klebrig, dass du Verzierungen aus Liebesperlen oder Zuckerstreusel einfach nur aufzudrücken brauchst.

SO GEHT'S

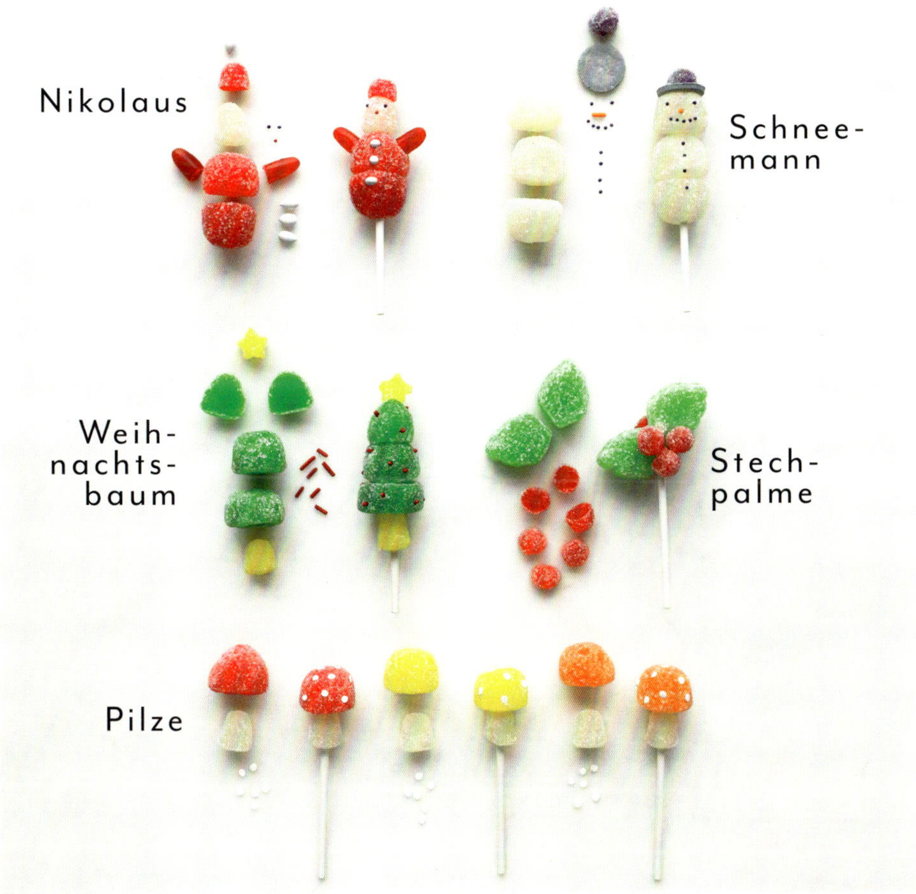

Nikolaus Schneide bei einem kleinen, bezuckerten roten Gummibonbon das Oberteil als Mütze ab. Stecke zwei rote Gummibonbons mit der Unterseite zusammen auf einen Lollistiel und darüber ein weißes Gummibonbon als Kopf. Schneide zwei längliche Fruchtgummis als Arme zurecht und stecke sie an den Körper. Als Knöpfe und Bommel drückst du mithilfe eines Zahnstochers kleine Lutschdragees an (evtl. halbieren). Für Augen und Mund verwendest du Liebesperlen.

Schneemann Schneide bei einem weißen, bezuckerten Gummibonbon die Spitze ab. Drücke einen schwarzen Brausetaler oder eine Deko-Oblate und ein kleines schwarzes Gummibonbon als Hut auf. Zwei große weiße Gummibonbons steckst du als Körper auf den Lollistiel. Mithilfe eines Zahnstochers drückst du schwarze Liebesperlen als Augen, Mund und Knöpfe und einen roten Zuckerstreusel als Nase an.

Stechpalme Stecke zuerst grüne, blätterförmige Gummibonbons auf den Lollistiel. Halbiere drei kleine rote Gummibonbons und klebe sie als Beeren auf.

Weihnachtsbaum Drücke zwei grüne Gummibonbons flach und stecke sie auf den Lollistiel. Ein kleines gelbes Bonbon bildet den Stamm. Schneide die Seiten eines grünen Gummibonbons ab und klebe sie gegeneinander als Spitze an den Stiel. Drücke ein gelbes Gummibonbon flach und stich mit einem Mini-Ausstechförmchen einen Stern aus. Schiebe rote Zuckerstreusel als Kerzen in den Baum.

Pilz Schiebe ein kleines weißes Gummibonbon als Stiel und ein großes rotes oder gelbes Gummibonbon als Hut auf den Lollistiel. Für die Punkte verwendest du essbares Konfetti.

MINI-GESCHENKSCHACHTELN

Streichholzschachteln sind die ideale Verpackung für Mini-Geschenke. Beklebe sie mit bunt gemustertem Papier und binde eine farblich passende Schleife aus Wolle oder Garn darum. Verziere die Schachteln dann nach Lust und Laune mit Aufklebern. Vergiss nicht, die Mini-Karte mit deinen Wünschen zum Geburtstag oder zu Weihnachten hineinzustecken.

SO GEHT'S

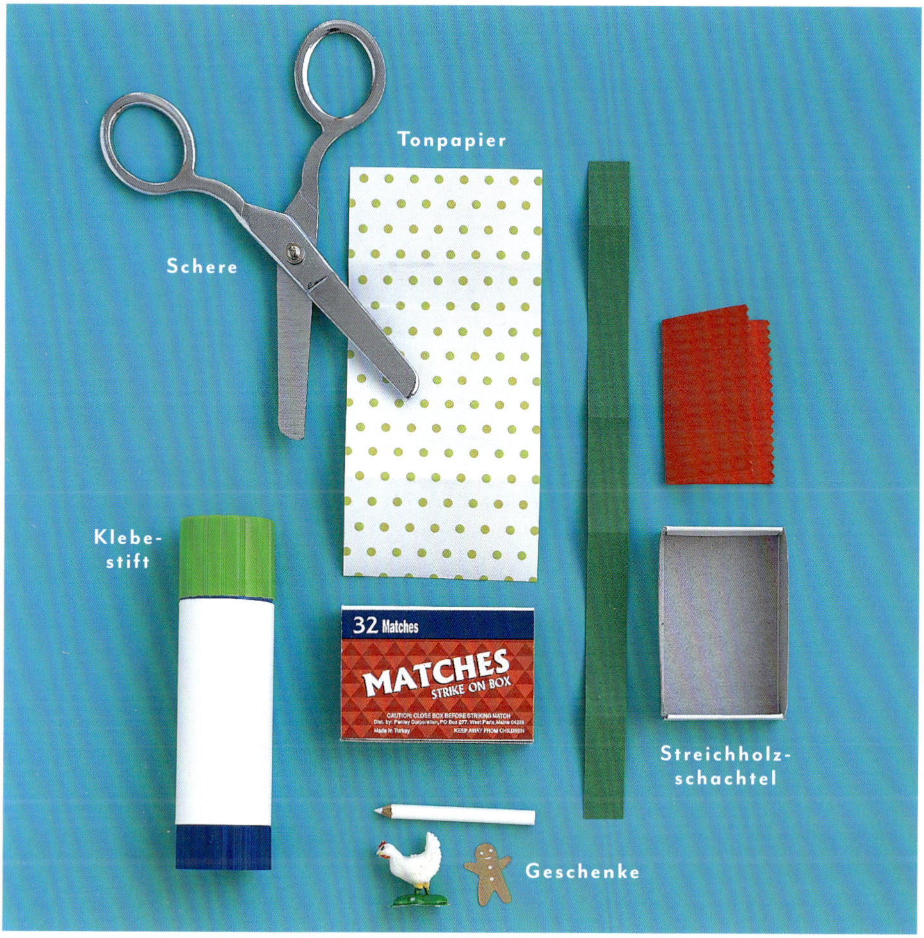

MATERIAL

- leere Streichholzschachteln
- Schere
- Tonpapier- oder Geschenkpapierreste, Farben und Muster nach Wunsch
- Klebestift
- Woll- oder Garnreste, Farben nach Wunsch
- Zickzackschere
- kleine Geschenke

SCHRITT FÜR SCHRITT

1. Miss die Länge der Streichholzschachtel und addiere je zweimal die Breite der schmalen und der breiten Seite. Zeichne ein Rechteck mit den Maßen auf Papier und schneide es aus.
2. Klebe das Papier um die Schachtel und verziere diese mit Aufklebern oder Garn. Wenn du möchtest, kleide auch die innere Schachtel mit Papier aus.
3. Für die Karte legst du die innere Schachtel auf Tonpapier, umfährst sie und schneidest das Rechteck etwas kleiner mit der Zickzackschere aus. Du kannst es auch doppelt so groß ausschneiden und dann in der Mitte falten.

SCHNEEFLOCKEN AUS KARAMELL

Schoko-Karamell ist ein ganz besonderer Leckerbissen. Besonders verführerisch schmeckt es natürlich, wenn du es selbst herstellst! In Schneeflocken-Form, mit Puderzucker bestreut und in schönen Kästchen mit buntem Wachspapier und dekorativen Schleifen liebevoll verpackt, ist der Karamell ein fantastisches Geschenk für deine Lieben.

Karamell

ZUTATEN

FÜR ETWA 16 SCHNEEFLOCKEN

- 2 Tassen Zucker
- 1 TL Salz
- 6 TL Butter
- 1 Tasse Crème double
- 3,5 Tassen Mini-Marshmallows
- 3 Tassen halbbittere Schokoladenchips
- 1 TL Vanille-Extrakt
- Pflanzenöl

ZUBEREITUNG

1. *Bestreiche das Backblech mit Pflanzenöl und lege es so mit Backpapier aus, dass das Papier überhängt. Bestreiche das Backpapier mit Öl. Erhitze Zucker, Salz, Butter, Crème double und Marshmallows bei mittlerer Hitze unter ständigem Rühren in einem Kochtopf, bis die Butter und die Marshmallows fast geschmolzen sind (ca. fünf Minuten). Lass die Masse etwa fünf Minuten unter Rühren köcheln.*
2. *Rühre die Schokoladenchips und den Vanille-Extrakt ein, bis die Schokolade geschmolzen ist. Gieße die Karamell-Masse auf das vorbereitete Backblech. Lass sie mindestens drei Stunden abkühlen.*

MATERIAL

- Karamell-Rezept (siehe oben rechts)
- Schneidebrett
- Ausstechform „Schneeflocke", ø ca. 5 cm
- feinmaschiges Sieb
- 5 EL Puderzucker
- Schachtel, Wachspapier, Geschenkband

SCHRITT FÜR SCHRITT

1. Nimm den Karamell vom Backblech und lege ihn auf ein Schneidbrett.
2. Stich mit der Ausstechform Schneeflocken aus.
3. Streue mit dem Sieb Puderzucker auf die Schneeflocken. Die Karamell-Flocken halten sich etwa zehn Tage.

BEMALTE STOFFTASCHENTÜCHER

Weihnachtsgrüße einmal anders: Mit Schneemann, Weihnachtsbaum, Herzen und Schneeflocken bemalt, werden Stofftaschentücher zu Trägern der Herzensbotschaft. Schön verpackt in einem Briefumschlag, sind sie Karte und Geschenk zugleich.

SO GEHT'S

MATERIAL

- Taschentuch aus Leinen oder Baumwolle in Weiß
- Bleistift und Papier
- Stoffmalstifte
- Klebefilm
- Baumwollstoffrest
- Bügeleisen
- Briefumschlag
- Geschenkband
- Geschenkanhänger

Tipp

Mit den passenden Motiven bemalt, sind diese Taschentücher tolle Geschenke zu Weihnachten, Geburtstag oder Muttertag!

SCHRITT FÜR SCHRITT

1. Bügle das Taschentuch. Lass dir von einem Erwachsenen dabei helfen.
2. Skizziere das Motiv, das du aufmalen möchtest, auf ein Stück Papier. Klebe das Taschentuch mit Klebefilm auf der Unterlage oder auf dem Tisch fest. Male das Motiv mit Stoffmalstiften auf das Taschentuch.
3. Lege ein Stück Stoff auf deine Zeichnung und bügle sie, um sie zu fixieren. Beachte die Herstelleranleitung der Stoffmalstifte.
4. Falte das Taschentuch. Binde Geschenkband darum und knote den Geschenkanhänger an. Stecke das Taschentuch in den Briefumschlag.

WEIHNACHTSSCHMUCK

Dieser festliche Weihnachtsschmuck schmückt nicht etwa euren Baum, sondern Haare oder Shirts. Die Anstecker und Haarspangen mit den Stechpalmenblättern aus Filz und funkelnder Deko sind tolle Geschenke.

Blätterfarben

Sei mutig bei der Auswahl der Farben. Die Stechpalmenblätter können, müssen aber nicht grün sein. Kombiniere nach Herzenslust unterschiedliche Farben von Filz, Bändern und Kugeln.

SO GEHT'S

MATERIAL

- Filzreste, Farben nach Wunsch
- kleine Pompons, Geschenkbänder, Lametta
- Anstecknadel-Rohlinge, Haarspangen-Rohlinge
- Fotokarton, Farben nach Wunsch
- Lochzange
- Stempel „Etikett“
- Stempelkissen in Weiß
- Trickmarker
- Niedrigtemperatur-Klebepistole
- Bügeleisen
- Schere

Vorlagen Seite 341

SCHRITT FÜR SCHRITT

1. Übertrage die Vorlagen auf Papier und schneide sie aus. Falte ein 6,5 cm x 13 cm großes Stück Filz der Länge nach in der Mitte. Lass einen Erwachsenen die Falte bügeln. Lege die Vorlagen mit der geraden Kante in den Bruch. Umfahre sie mit Trickmarker und schneide die Blätter aus.
2. Für einen vierblättrigen Anstecker klebst du zwei Blätter überkreuz aufeinander. Für einen zweiblättrigen gibst du Klebstoff in die Mitte eines Blatts und faltest es in der Mitte.
3. Klebe Pompons, Geschenkbänder oder Lametta vorn auf die Blätter. Auf die Rückseite klebst du eine Anstecknadel oder Haarspange.
4. Schneide ein 10 cm x 13 cm großes Stück Fotokarton zu. Mach etwa in der Mitte zwei Löcher, ca. 2,5 cm voneinander entfernt. Befestige die Anstecker bzw. Haarspangen auf der Geschenkkarte. Stemple einen weißen Rahmen darauf und schreibe den Namen des Empfängers hinein.

HERZLICHE KEKSHÄNDE

Du brauchst noch ein originelles Geschenk für eine liebe Freundin oder deine Oma? Präsentiere ihnen ein Herz aus Zucker auf deiner Hand aus Mürbeteig. Verpacke die Hände in einem schönen Tütchen mit buntem Transparentpapier als Hintergrund.

SO GEHT'S

Mürbeteig

ZUTATEN

FÜR 8–10 HÄNDE

- 2 Tassen gesiebtes Mehl
- ¼ TL Salz
- ½ TL Backpulver
- 8 EL weiche Butter
- 1 Tasse Zucker
- 1 Ei
- 1 TL Vanille-Extrakt

ZUBEREITUNG

1. *Verrühre Butter und Zucker mit dem Rührgerät. Gib das Ei hinzu und rühre, bis die Masse geschmeidig ist.*
2. *Rühre Mehl, Salz, Backpulver und Vanille-Extrakt auf niedrigster Stufe unter. Knete den Teig, bis er geschmeidig ist. Verpacke ihn in Frischhaltefolie und lass ihn drei Stunden im Kühlschrank ruhen.*

MATERIAL

- Mürbeteig (siehe rechts oben)
- 1 Eiweiß, mit 1 TL Wasser vermischt, für die Glasur
- 2 Kuchenbleche
- Backpapier
- Mehl für die Arbeitsfläche
- Nudelholz
- Schaschlikspieß
- Fettpinsel
- Hagelzucker
- Kuchenrost
- Küchenmesser
- Schere

SCHRITT FÜR SCHRITT

1. Schneide aus einem Stück Backpapier ein ca. 3 cm x 3 cm großes Herz als Schablone zu.
2. Heize den Backofen auf 160 °C Umluft vor. Lege Backpapier auf die beiden Backbleche. Rolle den Teig auf einer bemehlten Arbeitsfläche ca. 0,5 cm dick aus. Lege evtl. Backpapier unter, dann lässt sich die Hand später besser auf das Backblech übertragen. Umfahre jede Hand mit einem Spieß und schneide sie mit einem Messer aus.
3. Lege die Teighände auf die Backbleche und stelle sie ca. 30 Minuten in den Kühlschrank. Aus den wieder ausgerollten Teigresten kannst du weitere Hände ausstechen.
4. Lege die Herz-Schablone auf die Hände. Pinsle etwas Eiweiß in das Herz und bestreue die Fläche mit Hagelzucker.
5. Backe die Hände für acht bis zehn Minuten, bis sie an den Rändern leicht bräunlich werden. Lass sie anschließend auf dem Backblech für ca. drei Minuten ruhen und dann auf dem Kuchenrost auskühlen. Die Kekshände halten sich etwa eine Woche.

KNOPF-GESTALTEN

Dieser Weihnachtsbaumschmuck wird ganz einfach aus alten Knöpfen hergestellt. Schiebe die Knöpfe so auf die Pfeifenputzer auf, dass daraus knuffige Figuren werden: ein Nikolaus mit weißem Filzbart und schwarzen Knopfschuhen, ein Schneemann mit einem breitkrempigen Hut, ein Rentier mit roter Nase oder zwei kleine grüne Elfchen.

SO GEHT'S

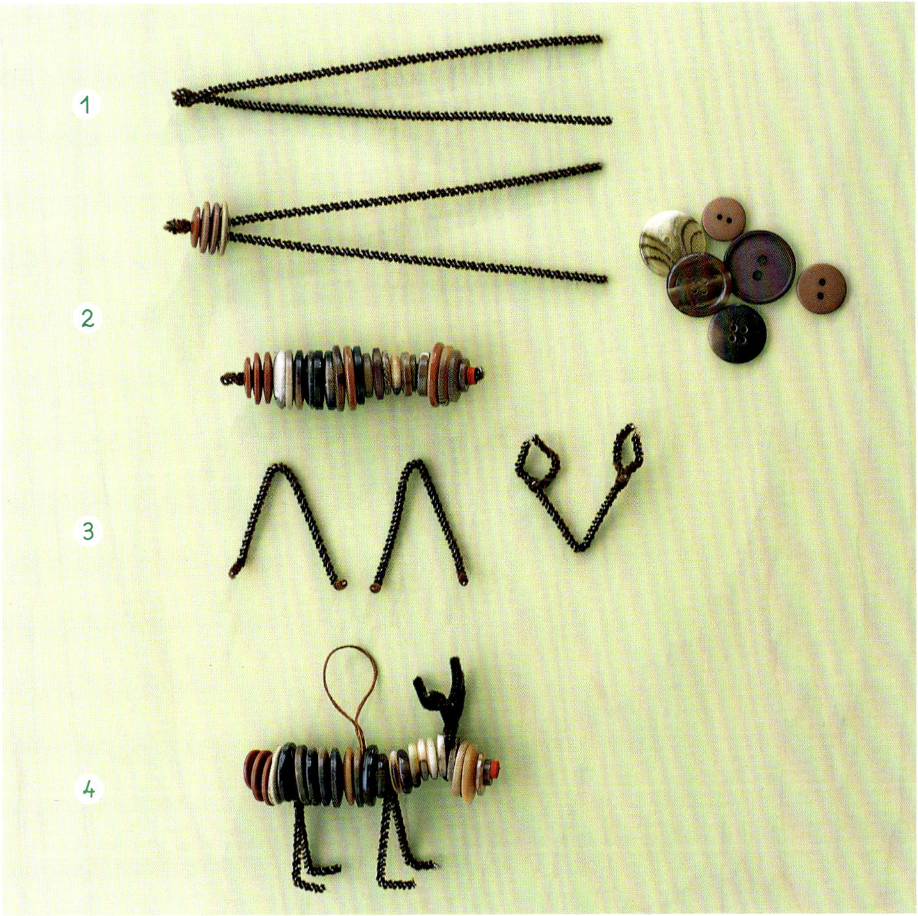

MATERIAL

- Pfeifenputzer in verschiedenen Farben
- Knöpfe in verschiedenen Farben und Größen
- Schere
- Stickgarn
- Klebstoff
- Filz in Weiß und Orange

Rentier

1. Knicke einen braunen Pfeifenputzer in der Mitte. Verdrehe das geknickte Ende einmal.
2. Schiebe für den Körper nacheinander Knöpfe auf den Pfeifenputzer: je einen Draht durch ein Knopfloch; bei vier Knopflöchern verwendest du zwei diagonale Löcher. Vergiss die rote Nase nicht! Verdrehe die Pfeifenputzer am Ende und schneide sie ab.
3. Für die Beine und das Geweih schneidest du zwei Pfeifenputzer in die passende Länge. Knicke sie in der Mitte. Schiebe sie von oben zwischen die Knöpfe und verdrehe sie einmal, damit sie nicht verrutschen. Dann biegst du die Enden in die entsprechende Form.
4. Knote eine Stickgarnschlaufe in der Mitte des Rentiers als Aufhänger an.

KNOPF-GESTALTEN – SO GEHT'S

Nikolaus

Knicke einen roten Pfeifenputzer in der Mitte. Verdrehe das geknickte Ende zur Schlinge als Aufhänger. Schiebe die Knöpfe wie auf Seite 315 in Schritt 2 beschrieben auf den Pfeifenputzer: Weiß und Rot für Mütze und Anzug, Rosa für das Gesicht, Schwarz für Gürtel und Schuhe. Verdrehe am Ende die Drähte und schneide sie ab. Biege ein kurzes Stück roten Pfeifenputzer um die Körpermitte und biege die Enden um als Hände. Ein kurzes weißes Stück ist die Manschette. Klebe ein Stück weißen Filz als Bart an.

Schneemann

Knicke einen schwarzen Pfeifenputzer in der Mitte. Verdrehe das geknickte Ende zur Schlinge als Aufhänger. Schiebe weiße und schwarze Knöpfe wie auf Seite 315 in Schritt 2 beschrieben auf den Pfeifenputzer. Verwende jeweils große Knöpfe für den Bauch und die Hutkrempe. Verdrehe am Ende die Drähte und schneide sie ab. Klebe ein orangefarbenes Filzdreieck als Nase an.

WEIHNACHTSGRUSS MIT KNÖPFEN

Einfarbige Klappkarten verwandeln sich mit ein paar bunten Knöpfen und Tonpapierschnipseln in festliche Weihnachtskarten. Klebe einen Kreis aus grünen Knöpfen mit einem kleinen roten Knopf und zwei Geschenkbandschnipseln zu einem weihnachtlichen Kranz. Kleine rote Knöpfe werden zu Beeren der Stechpalmenblätter aus Tonpapier. Und der Schneemann aus drei weißen Knöpfen bekommt einen schwarzen Hut und eine orangefarbene Nase aus Tonpapier. Schleifen aus dünnem Geschenkband machen die Karten noch festlicher.

MATERIAL UND WERKZEUG

Hier findest du die wichtigsten Werkzeuge und Materialien, die du für die Projekte in diesem Buch benötigst. Für die einfachen Bastelideen kommst du schon mit Schere, Stiften und Klebstoff aus. Lege dir einen Vorrat an Materialien und eine kleine Werkzeugsammlung an, damit du immer alles griffbereit hast.

WERKZEUG

Achtung! Benutze Werkzeuge mit diesem Zeichen immer nur mit Hilfe eines Erwachsenen!

Bürohefter Am besten geeignet, um Papier zusammenzuheften.

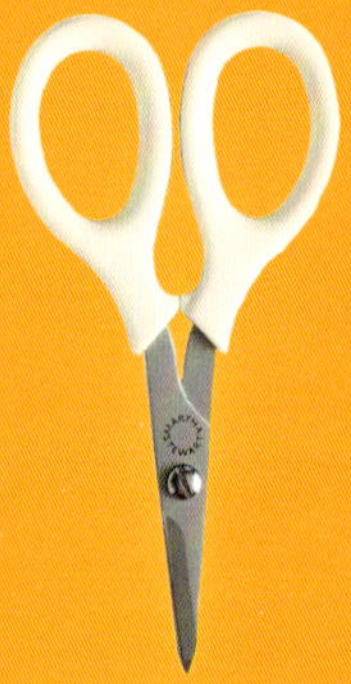

Schere Am besten hast du zwei Scheren griffbereit: eine für Papier und eine zum Schneiden von Stoff und Geschenkbändern. Papierschneiden macht die Klingen der Stoffschere stumpf. Sie schneidet dann keinen Stoff mehr.

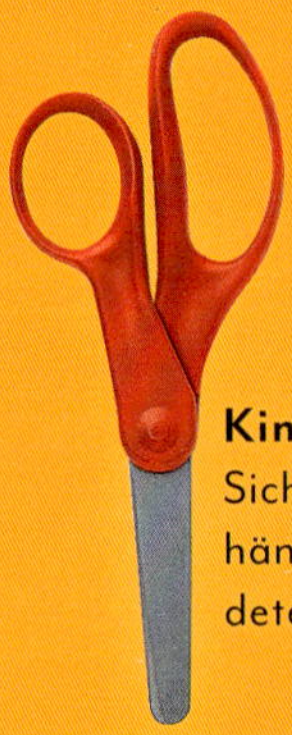

Kinderschere Sicher für Kinderhände mit gerundeten Spitzen.

Zickzackschere Stoffränder fransen nicht aus, wenn du sie mit der Zickzackschere schneidest. Auch Papierränder lassen sich mit ihr dekorativ schneiden. Schneide niemals Papier mit der Stoffzickzackschere, sie wird dadurch stumpf.

Lochzange Lochzangen sind perfekt, um an Papierrändern saubere Löcher zu stanzen. Es gibt sie in verschiedenen Lochgrößen und mit unterschiedlichen Motiven (z. B. Tiere, Herzen, Sterne usw.)

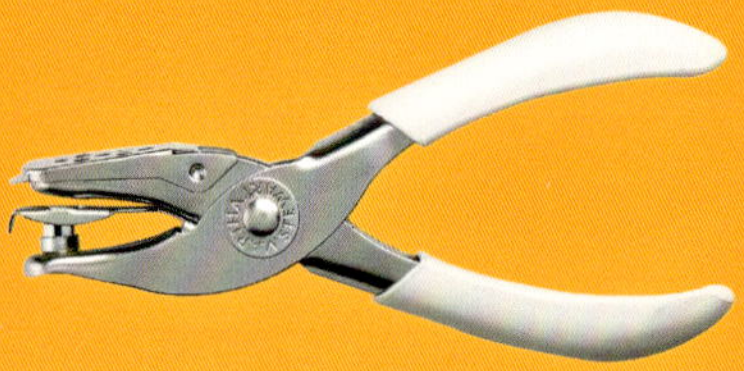

Cuttermesser Mit diesen extrem scharfen Bastelmessern schneidest du saubere, scharfe Kanten in Papier, Fotokarton, Pappe oder Schaumstoff. Nicht geeignet sind sie für Seidenpapier oder anderes dünnes Papier, das leicht reißt. Benutze Cuttermesser immer nur mit der Hilfe eines Erwachsenen!

Lineal Verwende ein Lineal, um gerade und millimetergenaue Linien auf Papier oder Stoff zu ziehen.

NÄHWERKZEUG

Stecknadeln Je nach Projekt kannst du Stecknadeln mit verschiedenen Stärken, Längen und Köpfen verwenden. Bunte Rundkopfstecknadeln kann man gut greifen und sehen. Verwende für feine Stoffe dünne Nadeln, für feste Stoffe etwas dickere.

Stick- und Nähnadeln Nähnadeln sind in verschiedenen Stärken und Längen erhältlich. Verwende zum Knöpfe annähen oder um Stofflagen zusammenzunähen spitze Nadeln mittlerer Stärke und Länge, für Strickware ist eine stumpfe Nadel besser geeignet. Bei Sticknadeln ist das Öhr größer, damit das Garn durchpasst.

FARBEN

Buntstifte Sie sollten spitz sein für dünne Linien. Größere Flächen oder Blätter und Rindenmuster kannst du schraffieren.

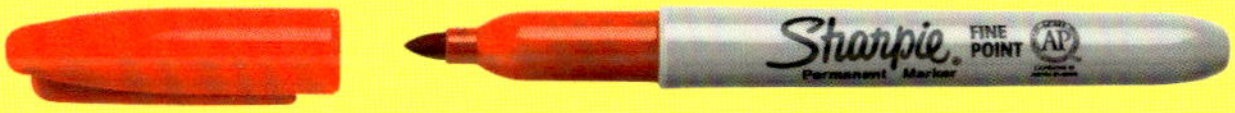

Permanentmarker Permanentmarker sind wasserfest und verwischen nicht auf glatten Oberflächen wie Metall oder Kunststoff. Decke deine Arbeitsfläche ab, da die Tinte durch Papier färbt. Verwende Permanentmarker sehr vorsichtig, denn die Farbflecken gehen beim Waschen nicht mehr raus.

Wachsmalstifte Wachsstifte sind für Papier und für Ostereier ideal. Trage dein Bild oder Muster auf das Ei auf und färbe das Ei. Die Wachslinien werden nicht gefärbt.

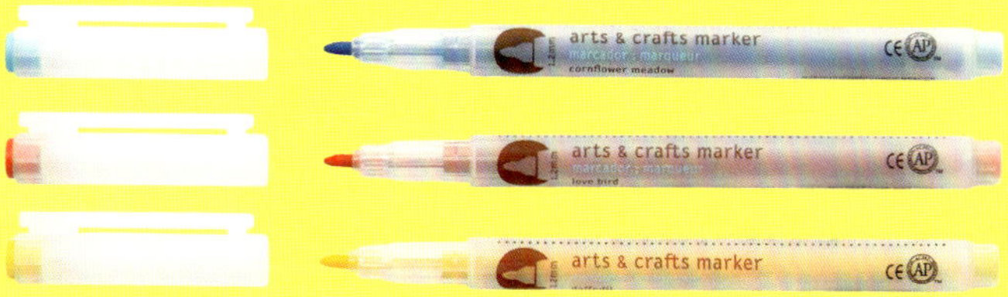

Filzstifte Filzstifte gibt es in allen erdenklichen Farben und Stärken. Verwende wasserlösliche Filzstifte, da mögliche Flecken in der Kleidung beim Waschen wieder rausgehen.

Bleistifte Perfekt zum Vorzeichnen und für alles, was du später wieder wegradieren möchtest.

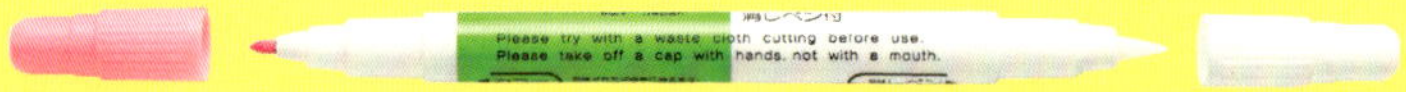

Trickmarker Mit dem Trickmarker kannst du Markierungen wie Umrisse oder Nahtzugaben auf Stoff markieren, sie verschwinden beim ersten Waschen wieder. Trickmarker kannst du auf hellem und auf dunklem Stoff verwenden.

Temperafarben
Die ungiftigen Farben sind geeignet für Malerei auf Papier oder Karton. Sie trocknen schnell.

Acrylfarben
Acrylfarbe gibt es in unzähligen Farben. Sie lässt sich auf vielen Oberflächen verwenden. Feine Linien lassen sich mit Acrylfarbe genauso gut malen wie breite Pinselstriche.

Pinsel Weiche Pinsel mit Nylonborsten sind für die meisten Projekte am besten geeignet. Rundpinsel mit spitz zulaufenden Borsten malen dünne Linien. Für breite Pinselstriche oder um Flächen zu bemalen eignen sich Flachpinsel besser. Für Kinderhände gibt es Pinsel mit ergonomischem Griff.

Stempel und Stempelkissen
Papier und Stoff lassen sich toll mit Stempeln verzieren. Es gibt sie mit Buchstaben, Zahlen, Herzen, Sternen, Tieren und vielen anderen Motiven. Stempelkissen für Gummistempel gibt es in allen Farben, sogar mit Stofffarben.

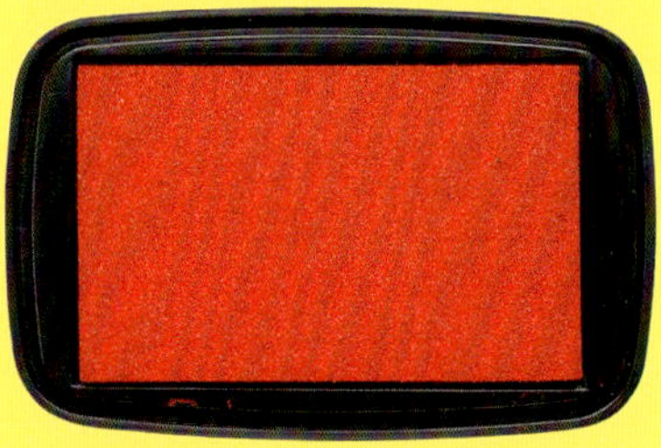

KLEBSTOFFE

Alleskleber Mit Alleskleber kannst du Papier, Karton, Filz, Glitter und viele andere Materialien kleben. Auf Stoffränder aufgetragen, schützt er gegen Ausfransen. Alleskleber klebt nicht so stark wie Bastelkleber. Der dünnflüssige Klebstoff lässt sich leicht auftragen. Für genaues Arbeiten eignet er sich nicht.

Klebestift Klebestift verwendest du, um Papier zu kleben. Er trocknet sehr schnell und eignet sich daher gut für kleine Flächen. Säurefreier Klebestift hält sich am längsten.

Bastelkleber Bastelkleber klebt Papier, Holz, Filz und viele andere Materialien. Er ist dickflüssiger und klebt stärker als Alleskleber.

Tacky Glue Tacky Glue ist dickflüssig und eignet sich daher auch, um Knöpfe oder Perlen zu kleben. Du kannst ihn auch als Alternative zur Heißklebepistole verwenden.

Heißklebepistole Zum Kleben von porösem Material eignet sich eine Heißklebepistole am besten. Der Klebstoff wird in der Pistole stark erhitzt und klebt daher besonders gut. Verwende die Heißklebepistole immer nur zusammen mit einem Erwachsenen. Niedrigtemperatur-Klebepistolen erhitzen den Klebstoff nicht ganz so stark.

Klebefilm Klebefilm ist besonders gut zum Basteln geeignet, da er leicht wieder von Oberflächen entfernt werden kann.

Doppelseitiges Klebeband Es eignet sich besonders gut, wenn du mit Papier arbeitest oder Dinge in Alben einkleben möchtest, da die Klebefläche ganz flach bleibt. Im Vergleich zu normalem Klebefilm hat es den Vorteil, dass man es später nicht mehr sieht. Verwende alterungsbeständigen Klebefilm für Fotos.

Kreppband Kreppband lässt sich von allen Oberflächen wieder leicht abziehen. Du kannst entlang der Kante malen und das Kreppband dann entfernen, um ganz gerade Linien zu erhalten. Klebe deine Unterlage mit Kreppband auf der Arbeitsfläche fest. Bunte Kreppbänder eignen sich gut zum Verzieren.

PAPIER

Seidenpapier Ideal als Geschenkverpackung oder als Füllmaterial für Geschenkboxen. Auch Papierblumen oder Pompons lassen sich gut aus Seidenpaper herstellen. Für Konfetti lege drei Lagen Seidenpapier und eine Lage normales Papier (zum Versteifen) aufeinander und stanze Kreise oder andere Figuren aus.

Krepppapier
Es ist stabil, gleichzeitig leicht und dehnbar, in vielen Farben erhältlich und kann genäht und sogar gebügelt werden. Schneide für lange Streifen einfach ein Stück gerolltes Papier ab.

Fotokarton und Tonpapier
Fotokarton ist fest und stabil, Tonpapier ist etwas dünner. Beide Papiersorten sind in vielen verschiedenen Farben erhältlich. Auch Scrapbooking-Papier gibt es in unterschiedlichen Stärken und mit vielen schönen Motiven.

Zeichenpapier Zeichenpapier gibt es auch als günstige Meterware auf der Rolle für große Gemälde oder Projekte. Noch günstiger ist Makulaturpapier.

Kopierpapier in Weiß und Bunt Dieses Papier gehört zur Grundausstattung beim Zeichnen und Basteln. Es ist in vielen Farben erhältlich.

Origami-Papier
Origami-Papier ist quadratisch, dünn und lässt sich sehr gut falten. Da es in vielen Farben und Mustern erhältlich ist, ist es auch gut für Collagen geeignet.

Kraftpapier Ein sehr festes Papier. Es eignet sich, um Arbeitsflächen abzudecken, zum Bemalen oder um Vorlagen und Schnittmuster zuzuschneiden. Eine günstigere Alternative ist Packpapier.

Transparentpapier
Durchscheinendes Papier, das es in vielen Farben gibt. Ideal zum Laternenbasteln. Nicht zu oft falten, sonst wird es brüchig.

MATERIALIEN

Pfeifenputzer Auch Chenilledraht oder Biegeplüsch genannt. Daraus lassen sich kleine Tiere und andere Figürchen biegen.

Wolle Wolle ist nicht nur zum Stricken da, sondern auch beim Basteln unverzichtbar, etwa um Pompons oder Puppenhaare daraus zu machen. Auf der Banderole an jedem Wollknäuel findest du Angaben über die Materialzusammensetzung und Pflegehinweise.

Stickgarn Unverzichtbar, wenn du Freundschaftsbändchen knoten möchtest. Es gibt Stickgarn in einer unüberschaubaren Vielfalt an Farben. Jeder Faden ist aus mehreren dünneren Fäden gedreht. Je nachdem, was du sticken möchtest, nimmst du eine unterschiedliche Anzahl an Fäden.

Nähgarn Die gängigsten Nähgarne sind aus Baumwolle oder Polyester. Lege dir einen Vorrat in den Grundfarben sowie Weiß und Schwarz an. So hast du immer das passende Garn zur Hand.

Kordel und Zwirn
Reißfeste Garne sind Kordel oder Zwirn. Das bunte Bäckergarn (Metzgergarn) ist sehr dekorativ als Geschenkband oder für Girlanden.

Filz Filz franst nicht aus, man muss die Schnittkanten also nicht versäubern. Daher ist er sehr gut zum einfachen Nähen und Basteln geeignet. Wollfilz ist sehr edel und weich. Günstiger ist Filz aus Kunstfasern.

Bänder Nicht nur zum Geschenke verpacken sind Bänder gut geeignet, sondern auch als Aufhänger oder Dekoration für deine Bastelprojekte. Lege dir eine Sammlung von Geschenkbändern an, damit du immer das passende griffbereit hast.

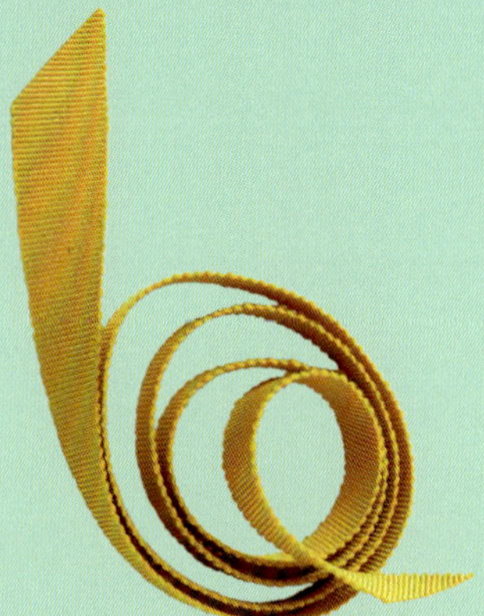

Knöpfe In Stoffgeschäften nach Knöpfen zu schauen, kann süchtig machen. Es gibt sie einfach in so vielen Farben, Formen, Materialien und mit originellen Motiven. Sammle alle möglichen Knöpfe, sodass du einen reichen Vorrat für deine Projekte hast. Auch alte Hemden, die niemand mehr anzieht, sind gute Knopflieferanten.

Pompons
Mit Pompons kannst du Karten oder Geschenke verzieren oder kleine Tierchen basteln.

Glitter Das schimmernde Material gibt es in vielen Farben und Stärken, vom feinen Pulver bis hin zu konfettigroßen Teilchen. Arbeite mit Glitter immer über einer flachen Schale mit Rand, einem Tablett oder Backblech. So kannst du den überschüssigen Glitter auffangen und wieder in den Behälter zurückfüllen.

Holzperlen Holzperlen sind vor allem für kleine Hände zum Basteln gut geeignet.

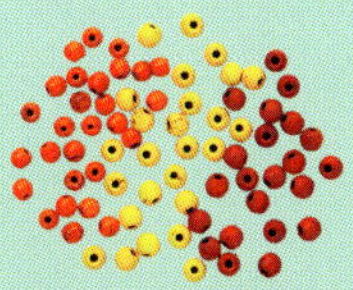

Miniperlen Miniperlen mit Durchmessern von ca. 2–3 mm sehen nicht nur aufgefädelt schön aus, sie machen sich auch aufgeklebt als Augen, Nase oder Mund in Gesichtern von Figürchen oder Tieren gut. Aufgrund ihrer Größe sind sie eher für ältere Kinder geeignet.

Modelliermasse Ofenhärtende Modelliermasse (z. B. FIMO®) verwendest du wie Knete. Ist deine Figur fertig, kannst du sie nach Herstelleranleitung im Backofen härten.

Pailletten Als eine Art Glitter verwendet, können Pailletten vielen Bastelprojekten einen schimmernden Abschluss geben.

HAUSHALTSFUNDE

In der Küche, im Altpapier oder im Recyclingabfall findest du unzählige Dinge, die du toll zum Basteln verwenden kannst.

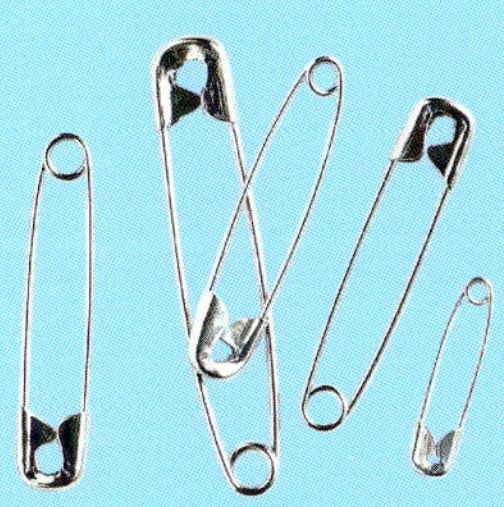

Sicherheitsnadeln

Blechdosen

Flaschendeckel

Eierkarton

Holzspatel

leere Küchenrollen

VORLAGEN

Auf den folgenden Seiten findest du die Mal- und Schneidevorlagen für die Bastelprojekte in diesem Buch. Die Prozentzahlen zeigen an, auf welche Größe du manche Vorlagen am Kopierer vergrößern musst. Vorlagen ohne Angabe kannst du einfach abpausen. Alle Vorlagen kannst du auch auf www.topp-kreativ.de/downloadcenter herunterladen. Der Freischaltcode lautet: 13232

Tütentier-Theater (Seite 22)
Mit dem Kopierer auf 170 % vergrößern

Hund

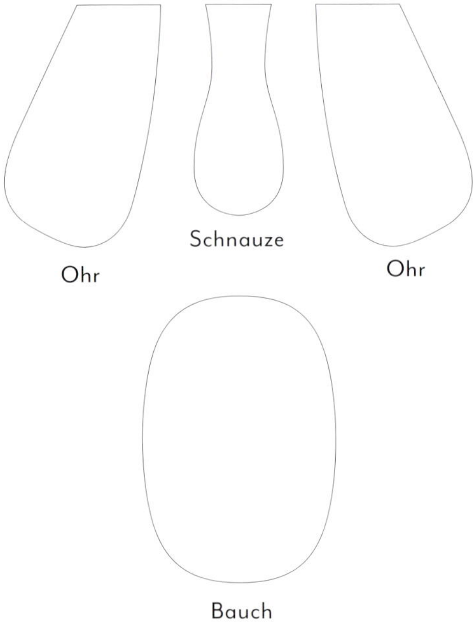

Löwe

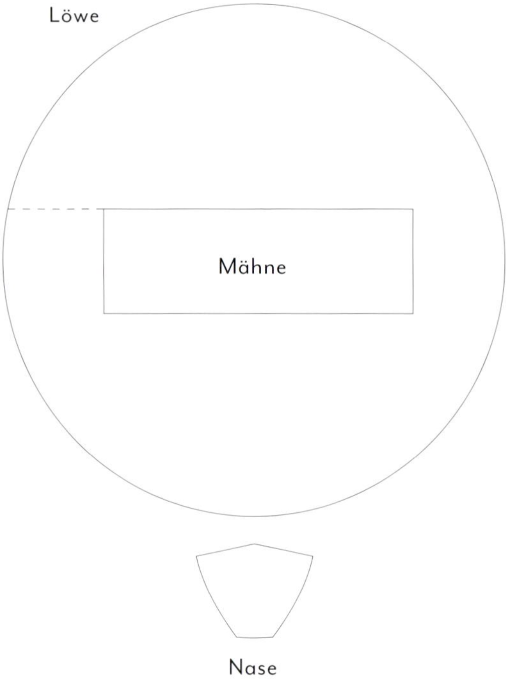

Schwein

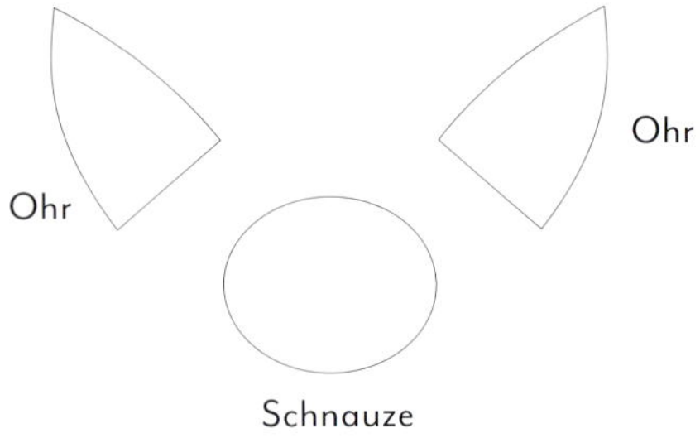

Watteweiche Schäfchen (Seite 25)
Mit dem Kopierer auf 200 % vergrößern

Finger-Filz-Figuren (Seite 36–39)

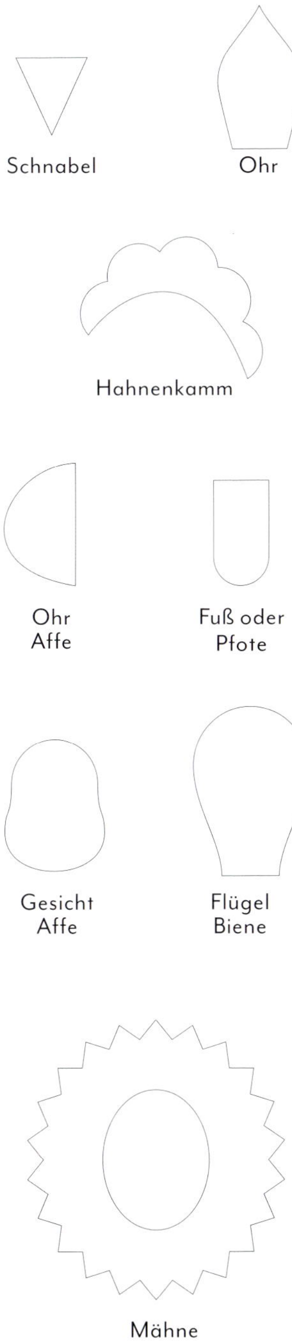

Pompon-Tiere (Seite 44–49)

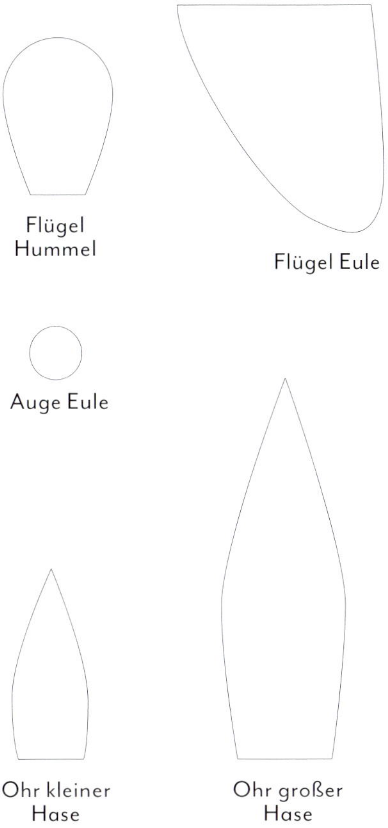

Filz-Mäuse (Seite 61)

Mit dem Kopierer auf 125 % vergrößern

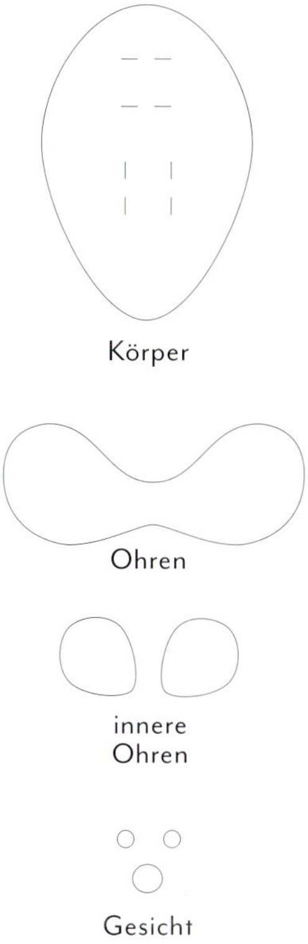

Mini-Pferdestall (Seite 78/79)

Vorlagengröße an die Spielzeug-Pferde anpassen

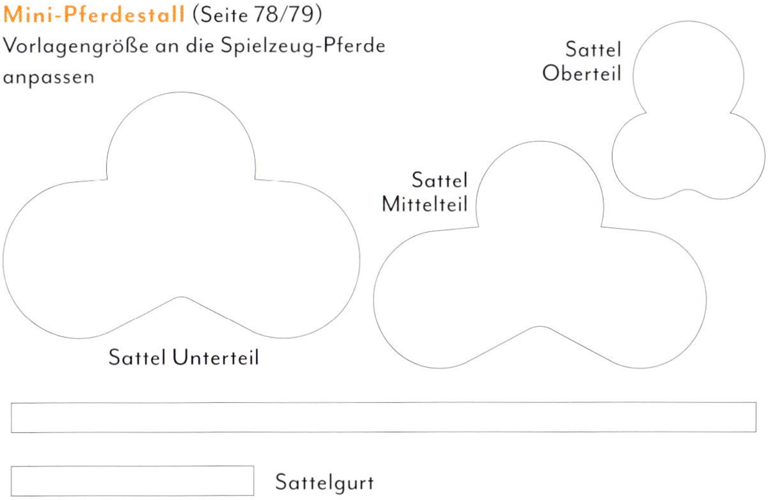

Schiff ahoi! (Seite 80–85) Dreimaster (Seite 84)
Vorlagen evtl. anpassen

Flagge

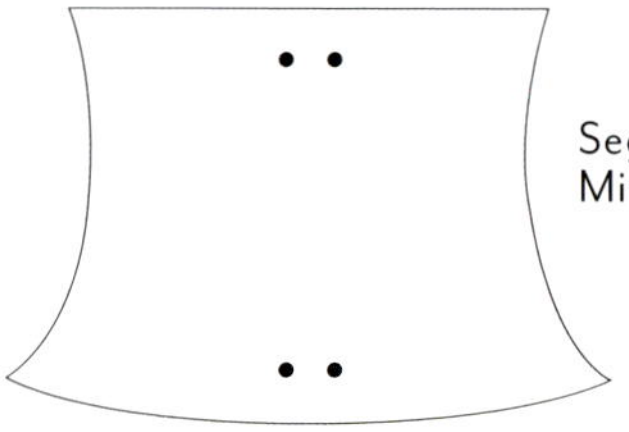

Segel vorn und Mitte oben

Segel hinten

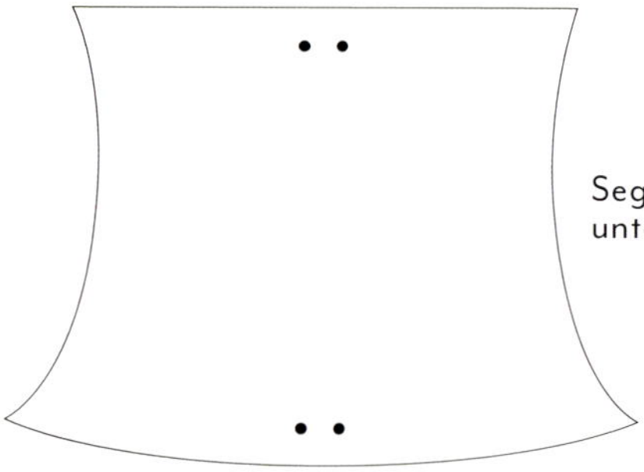

Segel vorn unten

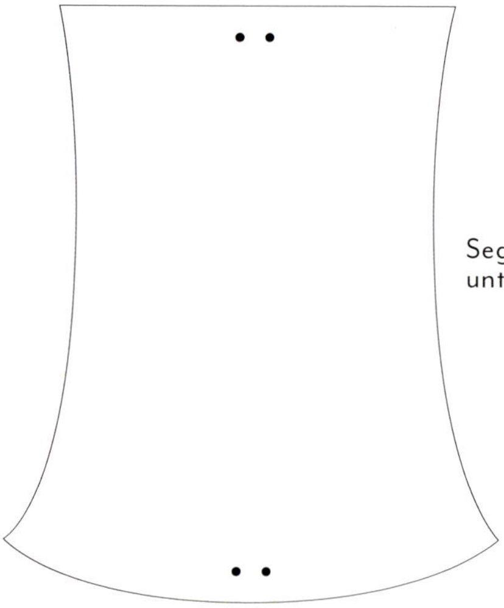

Segel Mitte unten

Kunterbuntes Kartondorf
(Seite 86)
Vorlagen nach Wunsch vergrößern

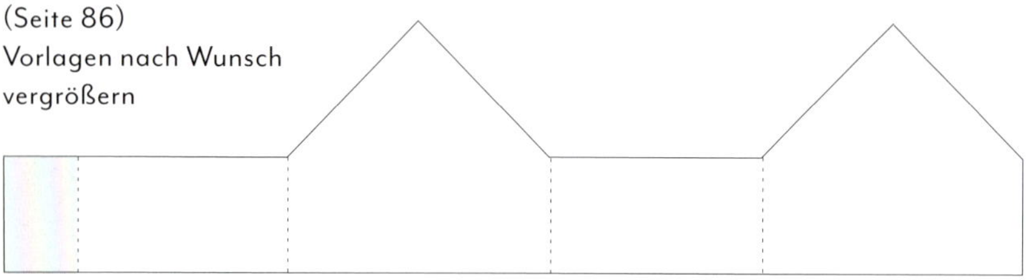

Haus

Dach

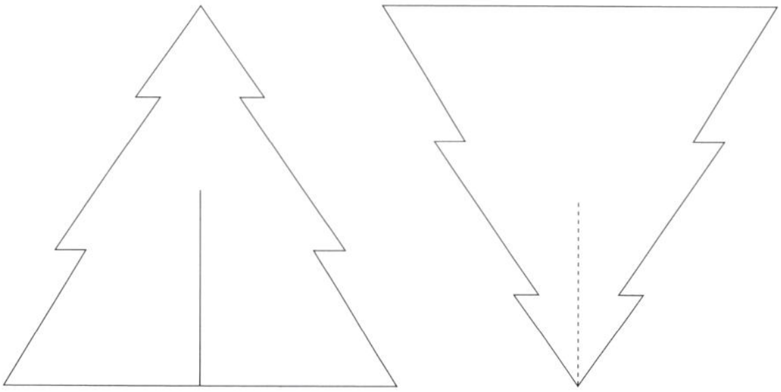

Bäume

Puppenstuben (Seite 100–103) Vorlagen nach Wunsch vergrößern; die fertigen Größen der gezeigten Modelle sind etwa 33 cm x 23 cm (Seitenwände) und 48 cm x 23 cm (Rückwand)

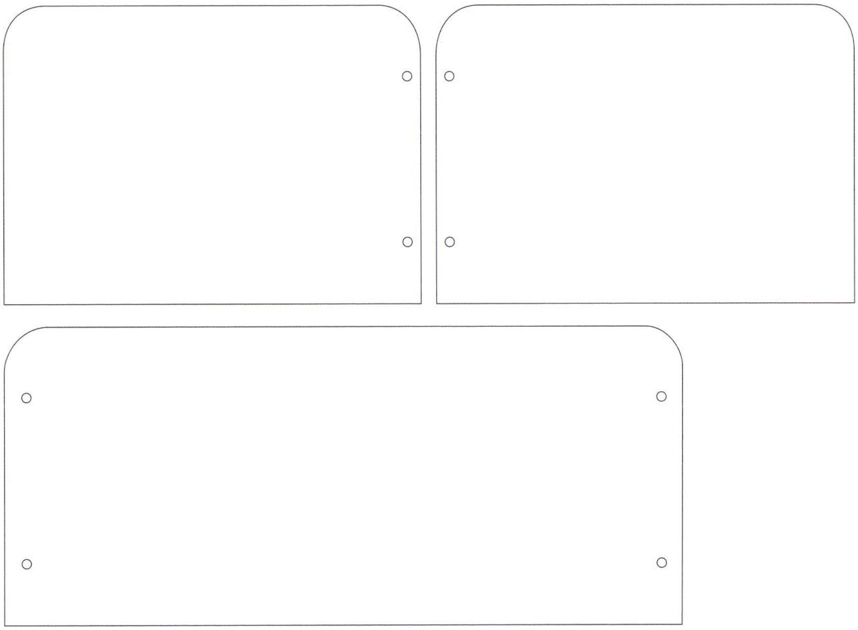

Bingo! (Seite 136/137) Das komplette Set (12 Karten) kannst du in der Originalgröße unter www.marthastewart.com/kids-crafts-book-extras herunterladen und ausdrucken.

B	I	N	G	O
1	9	15	20	26
3	10	13	22	29
5	8	FREI	24	30
2	11	17	23	28
4	12	18	19	27

B	I	N	G	O
3	12	13	19	29
5	11	17	20	30
2	7	FREI	22	28
4	10	18	24	27
1	9	15	23	26

Stoffpüppchen (Seite 142–145)
Mit dem Kopierer auf 400 % vergrößern

Mutter

Mädchen

Baby

Junge

Vater

Tierische Fäustlinge (Seite 174/175)

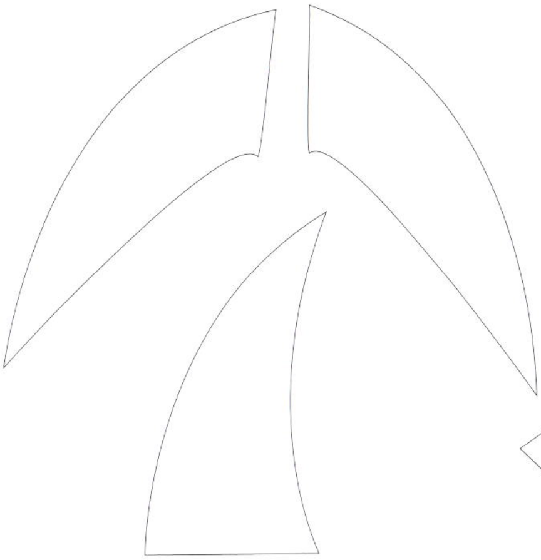

Flossen Hai

Schuppen Drache

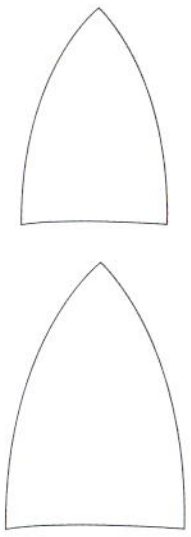

Ohr Löwe

Zunge Löwe

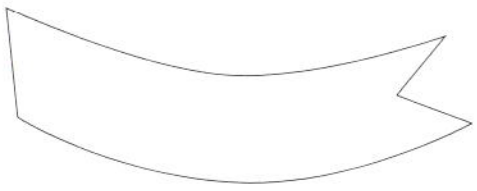

Zunge Drache

Mähne Löwe

Blumen-Haarklammern (Seite 178/179)

Mohn

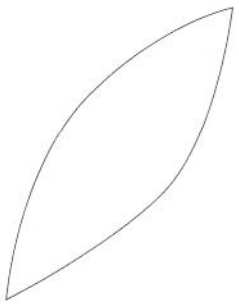

Blatt

Stief-
mütterchen

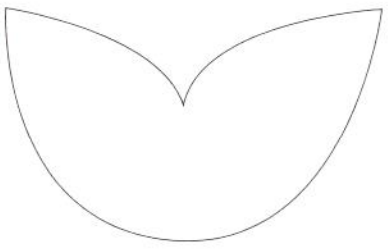

Gänse-
blümchen

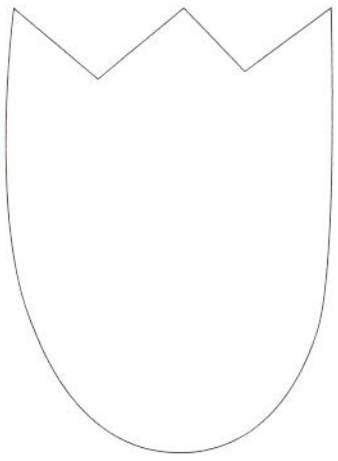

Tulpe

Klee

Superhelden-Kostüme (Seite 194–197)

Mit dem Kopierer auf 400 % vergrößern

Superhelden-Kostüme (Seite 196 und 197)
Mit dem Kopierer auf 150 % vergrößern

Manschette

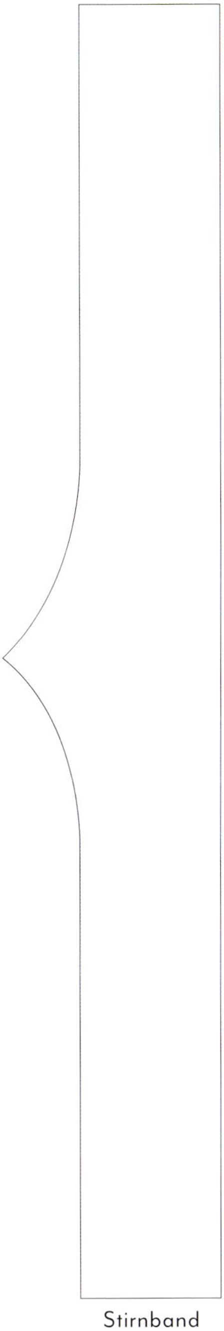

Stirnband

Krone

Windmesser (Seite 219) Windfahne Vogel
Mit dem Kopierer auf 200 % vergrößern

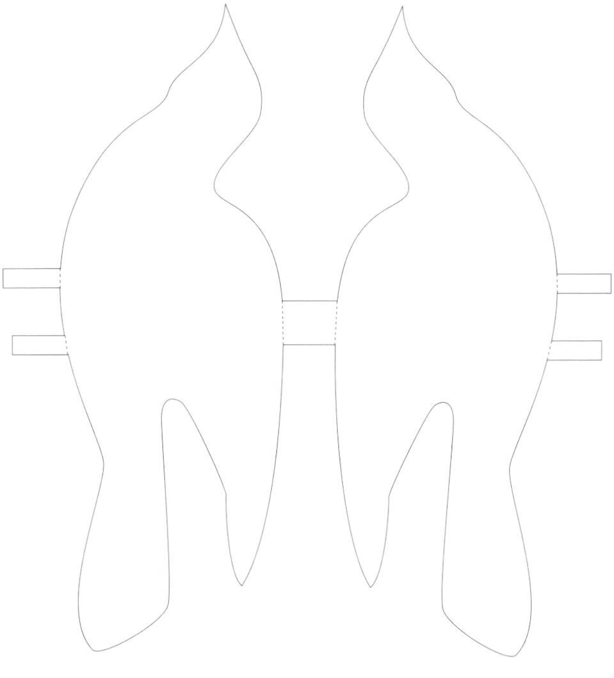

Trickfilme Bilder Wunderscheibe (Seite 237)
Mit dem Farbkopierer auf 133 % vergrößern

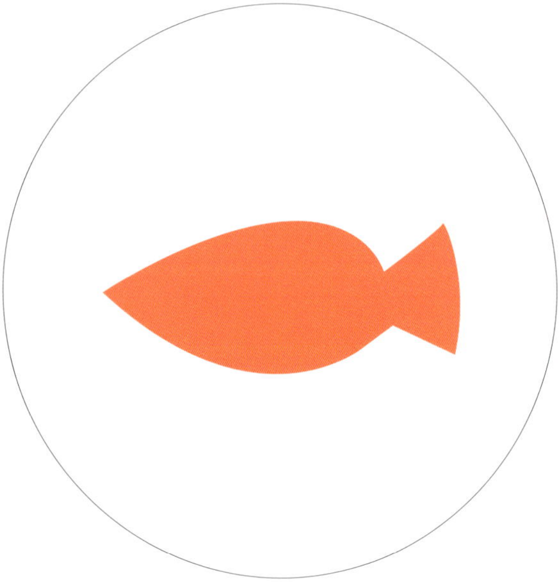

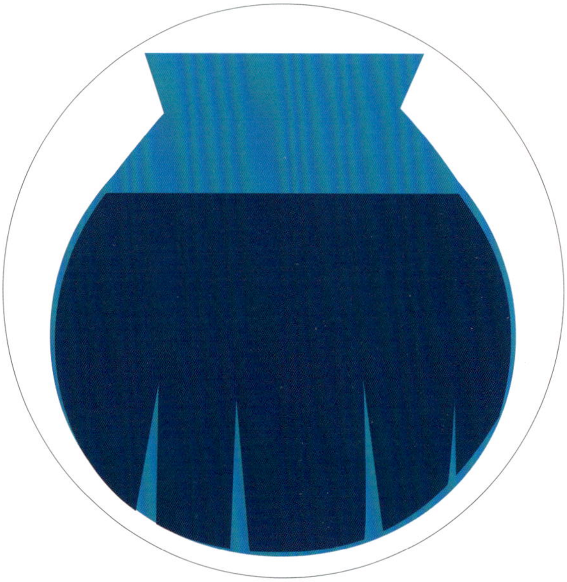

Trickfilme Bild Wunderrad (Seite 239)
Mit dem Farbkopierer auf 133 % vergrößern

Gestickte Familienporträts (Seite 268–271)

Die Vorlagen kannst du unter www.marthastewart.com/kids-crafts-book-extras herunterladen.

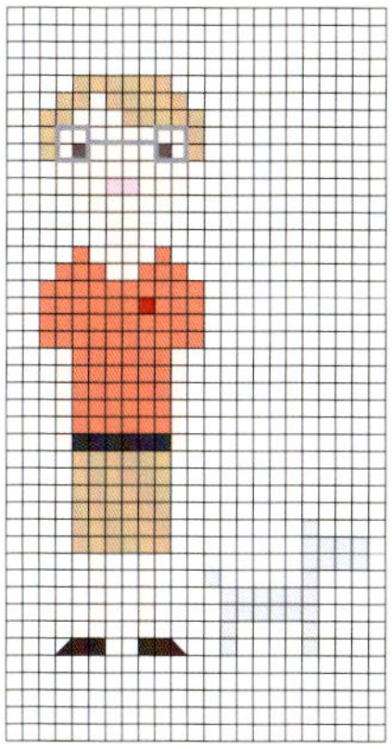
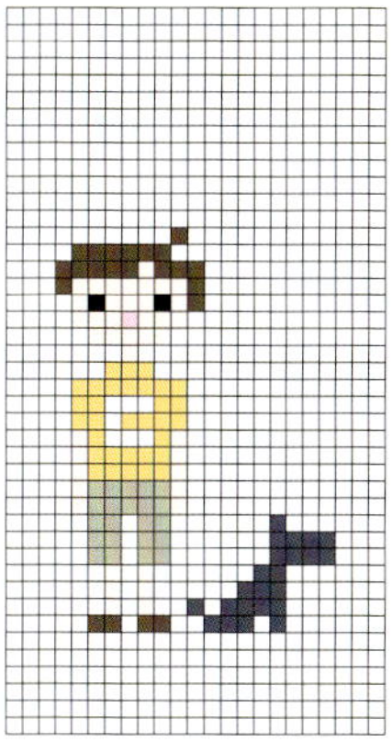
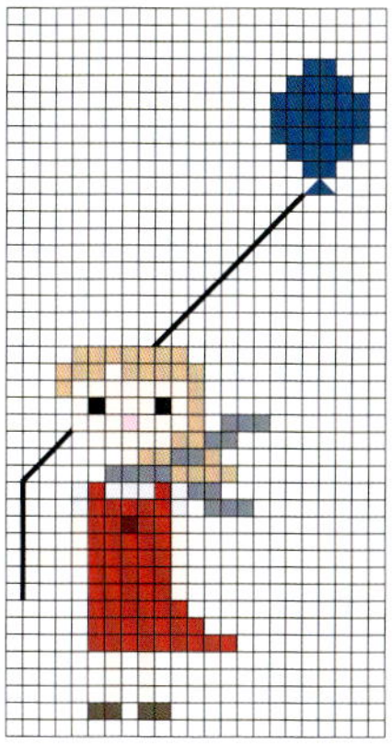
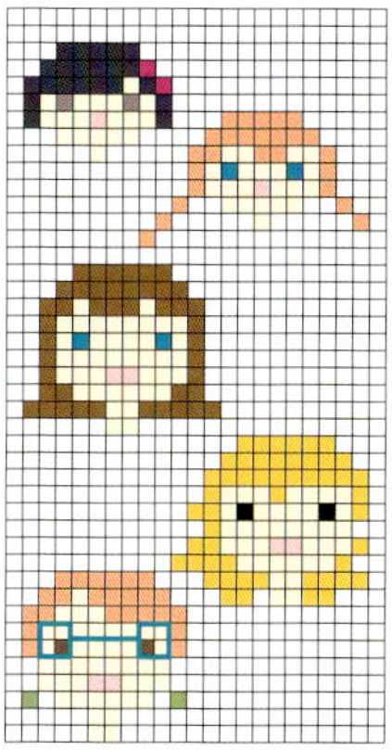
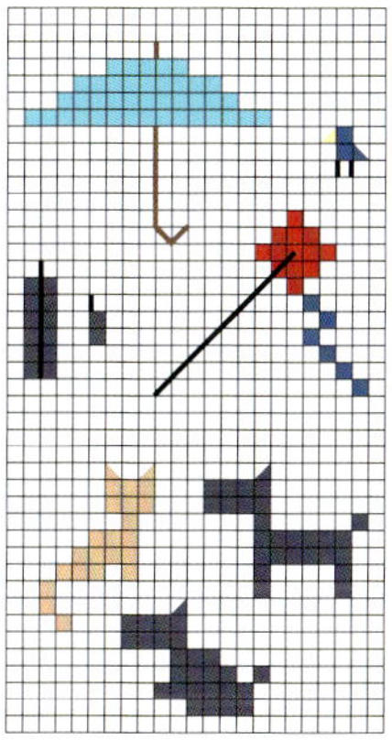

Kürbis-Kätzchen (Seite 57)

Sparschweinchen
(Seite 259)

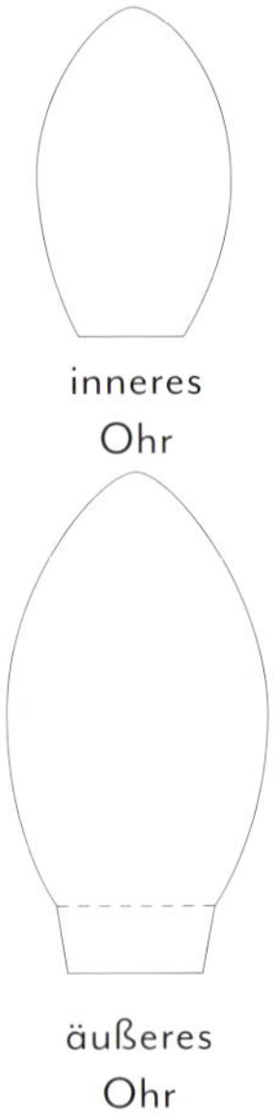

Überraschungshasen
(Seite 280)

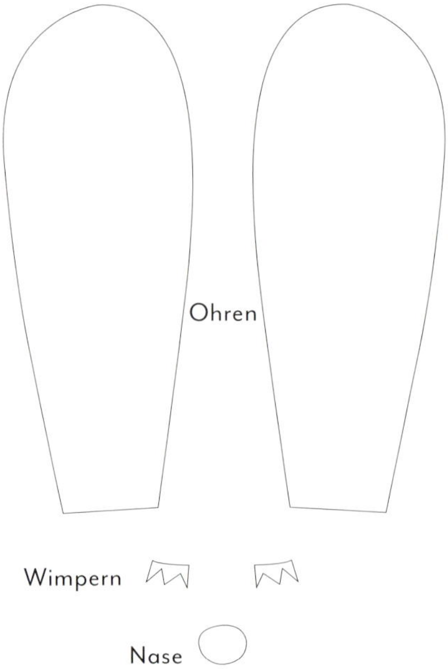

Österliche Wurfküken
(Seite 282)

Bonbon-Rakete (Seite 292)

Mit dem Kopierer auf 294 % vergrößern

Halloween-Anhänger (Seite 294)

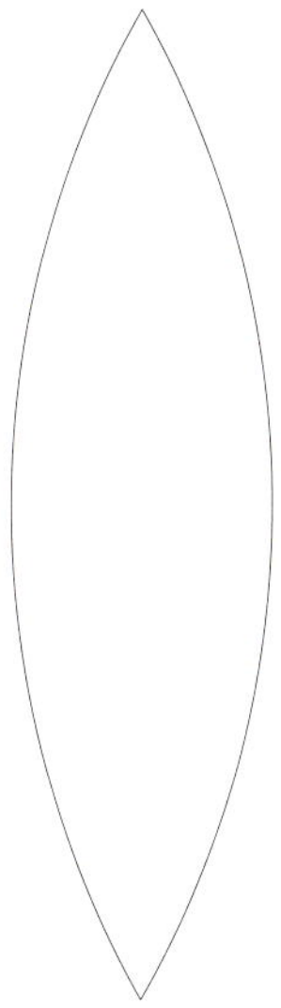

Gruselgeister zum Anbeißen (Seite 298)

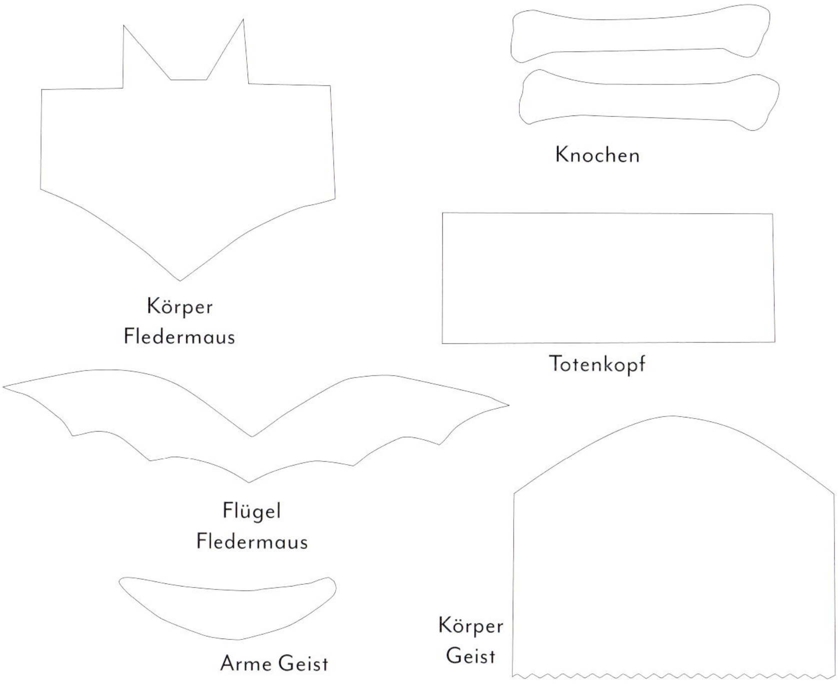

Weihnachtsschmuck (Seite 310)

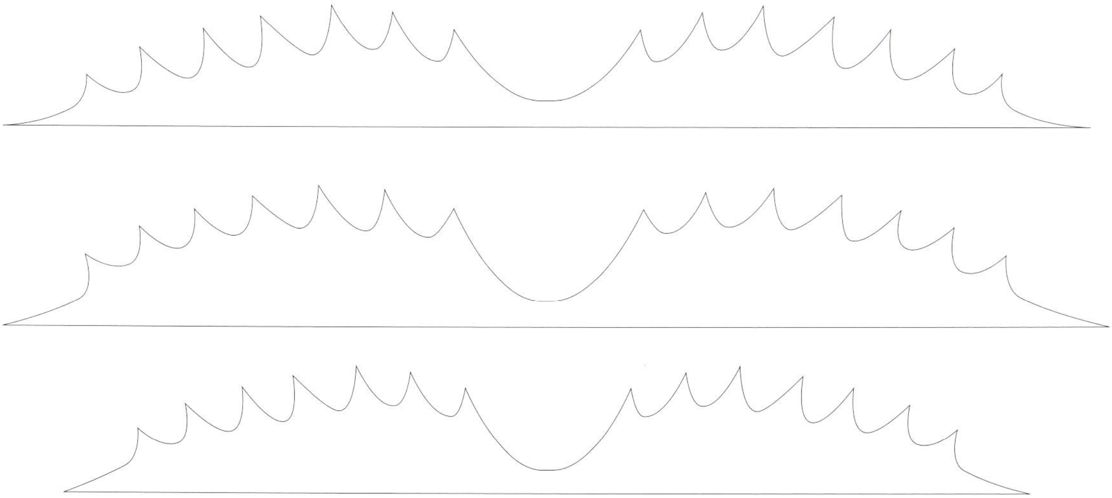

FOTONACHWEIS

William Abranowicz: 224–229

Antonis Achilleos: 273

Sang An: 22–23, 30, 32–35, 50–55, 66–67, 126, 128 (links), 129, 182–183, 188, 216–219, 257

James Baigrie: 24, 180, 181 (links), 252, 256, 260–265, 275, 306–307

Harry Bates Illustration: 144–145, 153 (oben), 155 (oben), 157 (oben), 181 (oben rechts und unten rechts)

Monica Buck: 176–177, 234–235, 258

Jennifer Causey: 268–271

Susie Cushner: 279, 314–317

Aaron Dyer: 259

Dwight Eschliman: 56–57

Formula Z/S: 65

Laurie Frankel: 139

Dana Gallagher: 142–143

Bryan Gardner: 60, 204, 274, 309, 318 (Bürohefter), 319 (Buntstifte, Wachsmalstifte, Filzstifte und Bleistifte), 320 (Temperafarben, Pinsel, Acrylfarben und Stempel), 321 (Heißklebepistole, Klebefilm und Kreppband), 323 (alle außer Pfeifenputzer), 324 (alle außer Pompons), 325 (oben links, oben Mitte, oben rechts, Küchenrollen, Blechdose und Holzspatel)

Gentl & Hyers: 6, 36–39, 78–79, 94–95, 136–137, 170–172, 245, 247–249, 255

Thayer Allyson Gowdy: 110–113

Frank Heckers: 205 (rechts)

Raymond Hom: 318 (Allzweckschere und Zickzackschere), 319 (Nähwerkzeug), 320 (oben links), 321 (oben rechts), 322 (Krepppapier, Origami-Papier, unten rechts und unten links), 325 (Sicherheitsnadeln)

Lisa Hubbard: 250, 253, 290–291

Devon Jarvis: 283

John Kernick: 230–231

Yunhee Kim: 87, 289

Sivan Lewin: 40–43

Stephen Lewis: Buchrücken, 16–21, 26–29, 72–77, 80–85, 88–89, 91–93, 118–123, 138, 210–212, 220–221, 236–241

Kate Mathis: 146–147

Maura McEvoy: 140

Ellie Miller: 296–297

Johnny Miller: 62–63, 132–133, 280, 302–303, 310–311, 318 (Lochzange und Cuttermesser), 319 (Permanentmarker), 320 (Stempelkissen), 321 (Klebestift, Bastelkleber und doppelseitiges Klebeband), 322 (Seidenpapier)

Gregory Nemec Illustration: 90

Amy Neunsinger: 246

Ulla Nyeman: 58–59, 312–313

Con Poulos: 96, 98–99

Tosca Radigonda: 190–193

Manuel Rodriguez: 97

Emily Kate Roemer: 281, 292–293, 299

Michael Ruder: vorderer und hinterer Umschlag

Hector Sanchez: 298

Lucy Schaeffer: 148–151

Charles Schiller: 158, 160–161, 308

Annie Schlechter: 1–5, 9, 10, 12, 14, 44–49, 61, 68, 70–71, 86, 100–103, 124, 130–131, 134–135, 141, 162–163, 174–175, 178–179, 184, 186, 187 (links), 198–200, 201 (beide oben), 202–203, 205 (links), 206–208, 214–215, 233, 242, 244, 251, 254, 266, 272, 277, 284–288, 300–301, 304–305, 321 (oben links), 327, 343, 351–352

Tamara Schlesinger: 194–197

Victor Schrager: 104, 106–109, 152, 154, 156, 157 (unten), 213, 222–223, 232

Bill Steele: 164–165

Laura Stojanovic: 318 (Schere und Lineal), 322 (Zeichenpapier, Fotokarton und Tonpapier sowie Kraftpapier), 323 (oben links), 324 (unten Mitte), 325 (Pailletten, Eierkarton und Flaschendeckel)

Kirsten Strecker: 294–295

Anna Williams: 25, 31, 64, 114–117, 166–169, 276, 278, 282

MODELLÜBERSICHT

1 LUSTIGE GESELLEN

2 MINI-WELTEN BAUEN

3 SPIEL & SPASS

4 DEIN EIGENES DESIGN

5 EXPERIMENTIEREN UND ENTDECKEN

6 FÜR SAMMLER UND SCHATZHÜTER

7 SELBSTGEMACHTES VERSCHENKEN

BUCHTIPPS FÜR DICH

Dich hat das Bastelfieber gepackt und du wünschst dir noch mehr Kreativideen rund ums Basteln, Nähen und Werken? Dann wirst du in diesen Büchern bestimmt fündig. Viel Spaß!

TOPP 5715
ISBN 978-3-7724-5715-9

TOPP 5685
ISBN 978-3-7724-5685-5

TOPP 5997
ISBN 978-3-7724-5997-9

TOPP 5764
ISBN 978-3-7724-5764-7

TOPP 5797
ISBN 978-3-7724-5797-5

TOPP 5692
ISBN 978-3-7724-5692-3

TOPP 5686
ISBN 978-3-7724-5686-2

TOPP 5956
ISBN 978-3-7724-5956-6

TOPP 5780
ISBN 978-3-7724-5780-7

TOPP 5695
ISBN 978-3-7724-5695-4

TOPP 5782
ISBN 978-3-7724-5782-1

TOPP 5774
ISBN 978-3-7724-5774-6

TOPP 5957
ISBN 978-3-7724-5957-3

TOPP 5672
ISBN 978-3-7724-5672-5

TOPP 5795
ISBN 978-3-7724-5795-1

TOPP 5961
ISBN 978-3-7724-5961-0

TOPP 4131
ISBN 978-3-7724-4131-8

TOPP 4153
ISBN 978-3-7724-4153-0

ÜBER DIE AUTORIN

Martha Stewart ist eine der bekanntesten US-amerikanischen Lifestyle-Expertinnen und Autorin von über 75 Büchern zu unterschiedlichen Themen in den Bereichen Haushaltsführung, Kochen, Backen, Stricken, Häkeln, Nähen, Basteln, Gärtnern und Dekorieren. Ihre Firma „Martha Stewart Living Omnimedia“ publiziert in den USA zwei Zeitschriftenmagazine, „Martha Stewart Living“ sowie „Martha Stewart Weddings“ und vertreibt eine eigene Produktlinie mit Bastelzubehör. Martha Stewart verbringt viel Zeit mit ihren beiden Enkeln und freut sich auf alle künftigen Bastelprojekte mit ihnen.